新手炒股入门十日读

Xinshou Chaogu Rumen Shiridu

用最短的时间学会炒股

任 挥◎编著

辽海出版社

图书在版编目（CIP）数据

新手炒股入门十日读 / 任挥编著. —沈阳：辽海出版社，2015.5
ISBN 978-7-5451-3529-9

Ⅰ. ①新… Ⅱ. ①任… Ⅲ. ①股票投资—基本知识 Ⅳ. ① F830.91

中国版本图书馆 CIP 数据核字（2015）第 174025 号

责任编辑：丁　雁
封面设计：孙希前
责任校对：晓　云

出　版　者：辽海出版社
　　地　　址：沈阳市和平区十一纬路 29 号
　　邮　　编：110003
　　电　　话：024-23284381
　　E-mail：dszbs@mail.lnpgc.com.cn
　　http://www.lhph.com.cn
印　刷　者：北京毅峰迅捷印刷有限公司
发　行　者：辽海出版社

幅面尺寸：170mm×240mm
印　　张：16.5
字　　数：230 千字

出版时间：2015 年 9 月第 1 版
印刷时间：2015 年 9 月第 1 次印刷
定　　价：35.00 元

前　言

　　股票市场已经成为中国老百姓的投资热点，至今我国股民人数已经达到1.5亿，炒股已经成为老百姓最常见的一种理财方式，面对股市这个有着巨大诱惑的市场，有些人积累了巨大的财富，有些人多年之后仍然挣扎在贫困线上，也有的人承受不了股市中风云莫测的跌荡起伏而退出。

　　在市场经济这个浪潮中，没有哪个行业像股市这样，不分身份地位高低、学历高低、贫富贵贱；无论是领导干部还是下岗工人、打工一族，以及不分城市人与农村人，都可以进入，成为股民大军中的一员。股市的魅力就在于它给人提供了一个相对平等的投资场所，人人都可以在这里大显身手，尽显自己的智慧、胆量与信心。随着经济的快速增长，出现了"全民炒股"的局面，如今的新股民正在以惊人的数字增长。因为股市不仅可以给人以赚钱的希望，还可以让人们在这个低吸高抛的过程中体会惊险的刺激。

　　尽管股市变化莫测，近几年股市的表现并不理想，在股市里亏损的股民占很大比例，但是仍然有人靠着股票一夜暴富，靠着股票过上了富足的生活，这样的诱惑每天吸引着众多的新股民开户入市，加入"股民大军"的队伍。但是对于大多数新股民来说，缺乏股市的相关知识，没有股市的投资经验以及缺乏承担风险的心态，在没有任何知识准备、心理准备以及策略准备，也没有承担失败打击的思想准备的状态下，盲目地进入股票市场，因此而付出了高昂的代价。

《新手炒股入门十日读》正是基于这个原因，为新股民介绍相关的股票知识，以及股票操作的基本常识，让新股民以最快的时间和速度认识股票，掌握投资渠道，以期把握投资股票的机会，认清各种导致失败的风险，等等。

本书简单明了地介绍了股票的基本知识、操作要点、交易经验，以朴实简单的语言结合实际操作，让新的投资者了解股票的概念及内涵，使读者由浅入深，循序渐进地对股市有所认识。在内容的编排上由入门到简单操作，步步深入，使读者渐次理解与提高。

《新手炒股入门十日读》是专门为新股民和准股民提供的炒股必需的基本概念和方法，书中每日一章，读者从第一日读起，直到第十日读完后，将会对股票有深刻的了解和认识，读者将会对自己建立起一定的信心与勇气。在此，我们告诫每一位进入股市的新手：股市有风险，投资需谨慎。

目录

股票的基础知识

股海茫茫，风险很大，要想进入股票市场，必须先知道什么是股票，股票能给你带来什么以及投资股市的价值与风险，等等。当你第一日翻开本章，此处详细地向你介绍了有关股票的知识及其与其他理财方法的区别，让新股民对股票有一定的认知和心理准备，确保自己在准备充分的前提下进入股票市场。

股票的概念 / 2

股票的起源 / 4

股票的基本特征 / 6

股票与储蓄的区别 / 9

股票与债券的区别 / 11

股票与基金的区别 / 13

股票的性质和作用 / 15

股票的构成要素 / 17

股票的具体种类 / 23

股票的发行 / 26

股东的权利和义务 / 30

股票的形式 / 32

股票的特点 / 33

股票获利的来源 / 35

股票的风险 / 36

股票风险的防范策略 / 43

炒股的基础知识

如何使新股民在股票交易中，尽可能地减少风险和损失？只有充分地了解了这些与炒股相关的金融、证券知识后，才能对股票有一定的信心与把握，为自己在股市中留有不败的足迹打下良好的基础。

证券市场 / 48

上海证券交易所 / 51

深圳证券交易所 / 52

股市的基础知识 / 53

技术分析 / 56

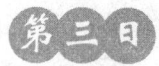

股票买卖策略与方法

　　股票本身并不神秘，但是炒股致富却对许多人充满了神秘感和诱惑力。其所产生的示范效应却是难以估量的。因此，每一个欲掌握股票买卖技巧的投资者，需要掌握一些股票买卖的策略和方法，理性地认识股票，在实践中运用起来定会收到事半功倍的效果。

　　开设账户与试探性炒股　/　60
　　买卖策略　/　65
　　投资方法　/　68

股票分析方法

　　股票学问无止境，它的实践性极强。买卖股票不能盲目和冲动，要理性客观地分析诸多因素才能采取行动。在投资股市之前，新股民一定要做好各种股票的分析工作，为自己能在股市中开拓一片广阔的天地作好充足的准备。

　　影响股票价格变化的因素　/　88
　　政治与政策因素分析　/　93

经济及股市因素分析 / 95

综合因素对股市影响的分析 / 97

看盘的方法与技巧

选股票重点就是把握股价的走势，要学会看盘，盘面的动态是庄家最真实的一面，通过看盘，对盘面情况作出初步的分析，观察即时行情，掌握股价走势情况，进而能整合盘面信息，为自己选一只好股票打基础。

看盘的步骤 / 102

开盘价 / 105

收盘价 / 108

即时行情与看盘 / 110

把握盘中买卖时机 / 112

选股的时机和策略 / 115

选股的思路 / 123

选股的绝招 / 132

选股离不开"三化" / 136

炒股的绝招 / 137

短线操作技巧

每个股民都希望在最短的时间里获取最大的利益，这就需要有一个"安全第一，赚钱第二"的方法，利用股票短线操作手法，胜算的把握比较大，从而积少成多，使账户资金快速增加。

短线操作的条件 / 146
短线出击的操作要点 / 148
新股短线操作技巧 / 153
短线抢反弹的技巧 / 157

中长线操作技巧

股票的中长线操作，是指持股时间在三个月以上以至数年甚至数十年的投资行为。一般来说，中线操作大多为半年或一年内持有股票；而长线操作时间较长，往往达一年以上，更长则没有时间的限制。长线操作，往往是看中买入股票后可带来的红利收益以及送配股、分红等预期收益。

巴菲特的投资理念 / 160
中长线操作理念 / 162

中长线选股技巧 / 163

中长线操作方法及重点 / 165

中长线选股的基本原则 / 168

回避中长线风险的方法 / 172

如何抄底与逃顶

抄底是股票操作的重要手段之一，也是在股市中获利的一个基础。对底部作出正确的判断，是抄底成功的关键。炒股最难的就是卖出，逃顶可以获取最大的收益，更是成功地规避风险的一种方法。因此，股民要了解如何抄底和逃顶，这对规避风险和获取利润起着重要作用。

底部的确认与要领 / 178

抄底的方法与要领 / 180

顶部的确认与特征 / 182

逃顶策略的选择 / 184

逃顶的方法与要领 / 186

如何追涨与杀跌

追涨是股票操作的基本战术,而杀跌是股票操作的重要战术,也是最快规避风险和获取收益的一种手段。追涨必须在一定的框架条件下进行操作,而杀跌更要依据一定的条件和时机进行。因此,只有掌握追涨和杀跌的要领,才能不败于股市。

追涨的战术 / 192

追涨的要领与方法 / 195

追涨的策略与技巧 / 199

杀跌的要领 / 203

杀跌的意义 / 206

杀跌的时机 / 207

杀跌的注意事项 / 208

寻找庄家

庄家是我国股市的重要特征之一,股市中的庄家通常是指持有大量流通股的股东。庄家和散户是一个相对概念,与庄家共进退是获取最大收益的有效方法,本章详细辨别庄家的方法和庄家操盘的步骤,以及如何寻找庄家。

什么是庄家 / 212
如何分析庄家 / 216
庄家如何坐庄 / 219
庄家的试盘和洗盘 / 224
从公开信息中寻找庄家 / 230
庄家进场的征兆 / 232
庄家出货的征兆 / 234
被套的原因 / 238
防套的技巧 / 245
解套的策略 / 249

第一日

股票的基础知识

> 股海茫茫,风险很大,要想进入股票市场,必须先知道什么是股票,股票能给你带来什么以及投资股市的价值与风险,等等。当你第一日翻开本章,此处详细地向你介绍了有关股票的知识及其与其他理财方法的区别,让新股民对股票有一定的认知和心理准备,确保自己在准备充分的前提下进入股票市场。

股票的概念

一、股票的概念

随着经济体制改革的深化,我国股票市场也在不断地发展与完善,参与股市投资的投资者日益增多,股市投资已成为一种人们愿意承担其风险的理财手段,而股票自然而然也成了人人关心的热门话题。

1. 什么是股票

股份有限公司的资本划分为股份,每一股的金额相等。公司的股份采取股票的形式。股票是公司签发的证明股东所持股份的凭证。换句话说,股票是股份证书的简称,是股份有限公司为筹集资金而发行给股东作为持股凭证并借以取得股息或红利的一种有价证券。每股股票都代表股东对企业拥有一个基本单位的所有权。股票是股份公司资本的构成部分,可以转让、买卖或作价抵押,股票是资本市场的主要长期信用工具。

2. 什么是股份有限公司

股份有限公司是指公司资本为股份所组成的公司,是股东以其认购的股份为限对公司承担责任的企业法人。在中国设立股份有限公司,应当有5人以上为发起人,其中须有过半数的发起人在中国境内有住所。股份有限公司的注册资本的最低限额为人民币1000万元。由于所有股份公司均须是负担有限责任的有限公司(但并非所有有限公司都是股份公司），所以一般合称"股份有限公司"。

二、股东的概念

股东是股份制公司的出资人或投资人。股东是股份有限公司或有限责任公司中持有股份的人，有权出席股东大会并有表决权，也指其他合资经营的工商企业的投资者。

股东是公司存在的基础，是公司的核心要素，股东是持有公司股份或向公司出资者，没有股东就不可能有股份有限公司。

三、股东的法律地位

1. 股东与公司的关系

股东作为出资者享有所有者的分享收益、重大决策和选择管理者的权利。股东另有约定的除外。

2. 股东之间的关系

股东在地位上一律平等，原则上同股同权，同股同利，但公司章程可以做其他约定。国有独资公司应由国务院或地方人民政府委托本级人民政府国有资产监督管理机构履行出资人职责。

四、股民的概念

从事股票交易的个人投资者称为股民。股民与股东的差别是：股东相对比较固定，股民的流动性较大。但在股市中常常出现这样的情况：股民买了股票以后被套，由此停止了频繁的交易，由股民变成了股东。因此，很多人就是因为炒股炒成了股东。

股票的起源

股票至今已有400年的历史。它伴随着股份公司的出现而出现。随着企业经营规模扩大与资本需求不足，要求一种方式来让公司获得大量的资本金，于是产生了以股份公司形态出现的、股东共同出资经营的企业组织。

世界上最早的股份有限公司制度诞生于1602年在荷兰成立的东印度公司。由于贸易的发展，荷兰人在17世纪中期，就知道做生意一定要冒风险，生意人都不愿意把自己一生的积蓄放在这个无形的风险里，于是就出现了股份制。这是荷兰人的聪明才智，也是股份有限公司的雏形。这之后，为了一些公司的转让或者继续发展，就创造了凭证——股票，这就是股票的由来。而迁徙美洲新大陆的荷兰人便把股份有限公司的模式和股票自然而然带到了华尔街。

股份公司这种企业组织形态出现以后，很快为资本主义国家广泛利用，成为资本主义国家企业组织的重要形式之一。伴随着股份公司的诞生和发展，以股票形式集资入股的方式也得到发展，并且产生了买卖交易转让股票的需求。这样，就带动了股票市场的出现和形成，并促使股票市场的完善和发展。1611年，东印度公司的股东们就在阿姆斯特丹股票交易所进行着股票交易，并且后来有了专门的经纪人撮合交易。阿姆斯特丹股票交易所形成了世界上第一个股票市场。

在18世纪中叶，美国实际上有四个区域性的金融中心。在这四个区域中心里面，一开始都没有股票交易所，当时大家一般坐在咖啡馆里交易股票，或者在树底下，大家围成一个圈，互相了解怎么转让股权，甚至在街边台阶上，大家站着互相交流。

1817年的一纸协议宣布纽约交易所诞生。这个阶段中，交易所仍然没有摆脱私人俱乐部的形式，尽管这是一个逐渐发展的过程。

华尔街从萌芽到最终确立了金融中心的地位，有一些里程碑式的标志：一是先进的华尔街文化形成，二是迅速改善的执业环境，三是以摩根为代表的一些新型的华尔街银行家的出现。这三个主要因素巩固了华尔街在美国的金融中心地位。同时快速向世界金融中心靠拢，并最终在第二次世界大战后超过当时的伦敦成为世界金融中心。

对交易所而言，有几个重要的内容不容忽视：一是1896年的时候，道琼斯指数的诞生。第一天是40个点。后来资本市场的标准化和不断改善跟标准化指数的推出关系密切。二是同年是在纽约州率先立法通过注册会计法案，就是上市公司一定要聘用注册会计师通过财务审计。

1971年，纳斯达克成立，这是市场需要的必然结果。当时，纽交所因为垄断地位而产生了僵化，比如说9:30开盘，中间还有休息时间，然后下午4:00就收市了。随着经济的日益发展，特别是全球性的交易，9:30之前的交易就没办法实施，下午4:00之后的交易也没办法实施了。在这种情况下，一个公平、公开和鼓励竞争的新型市场顺应而生。纳斯达克本身是因为市场的需要而成立的，服务至上是其核心，倡导公开竞争。只有公开竞争才能速度快、成本低、流动性好。

1992年以来，纳斯达克占据了美国82%的IPO市场份额。1998年，纳斯达克交易量（年均）超过纽交所。多年来，纳斯达克已经发展成为一个成熟的综合性证券市场。多家上市公司汇聚了各行各业的领先企业，其中科技类公司占到了30%，另外金融类公司有700多家，占21%，位于第二位。其他还有众多的医疗卫生、工业、消费类行业公司，等等。

股份公司的变化和发展产生了股票形态的融资活动；股票融资的发展产生了股票交易的需求；股票的交易需求促成了股票市场的形成和发展；而股票市场的发展最终又促进了股票融资活动和股份公司的完善和发展。

股票的基本特征

股票主要具有风险性、稳定性、流通性和责权性的基本特征。

一、风险性

（1）任何一种投资都是有风险的，股票投资也不例外。股票投资者能否获得预期的回报，首先取决于企业的盈利情况，利大多分，利小少分，公司破产时则可能血本无归。

（2）股票作为交易对象，就如同商品一样，有着自己的价格。股票市场上股票价格的波动虽然不会太多影响上市公司的经营业绩，以致影响股息与红利，但股票的贬值还是会使投资者蒙受损失。

股票的价格除了受制于企业的经营状况之外，还受经济的、政治的、社会的、甚至人为的等诸多因素的影响，处于不断变化的状态中，大起大落的现象也时有发生。因此，欲入股市投资者，一定要谨慎行事。

二、稳定性

股票投资是一种没有期限的长期投资。股票一经买入，只要股票发行公司存在，任何股票持有者都不能退股，不能向股票发行公司要求抽回本金。同样，股票持有者的股东身份和股东权益就不能改变，但是可以通过股票交易市场将股票卖出，将股份转让给其他投资者，以收回自己原来的投资。

三、流通性

（1）股票可以在股票市场上随时转让，进行买卖，也可以继承、赠与、抵押，但不能退股。所以，股票亦是一种具有颇强流通性的流动资产。

（2）正是由于股票具有颇强的流通性，才使股票成为一种重要的融资工具而不断发展。无记名股票的转让只要把股票交付给受让人，即可达到转让的法律效果；记名股票转让则要在卖出人签章背书后才可转让。

（3）股票凭证是股票的具体表现形式。股票不但要取得国家有关部门的批准才能发行上市，而且其票面必须具备一些基本的内容。股票凭证在制作程序、记载的内容和记载方式上都必须规范化并符合有关的法律法规和公司章程的规定。

（4）上市公司的股票凭证票面上应具备以下内容：

① 发行该股票的股份有限公司的全称及其注册登记的日期与地址。

② 股票的票面金额及其所代表的股份数。

③ 发行的股票总额、股数及每股金额。

④ 股票发行的日期及股票的流水编号。如果是记名股票，则要写明股东的姓名。

⑤ 股票发行公司的董事长或董事签章，主管机关核定的发行登记机构的签章，有的还需注明是普通股还是优先股等字样。

⑥ 股票发行公司认为应当载明的注意事项。如注明股票过户时必须办理的手续、股票的登记处及地址，是优先股的说明优先权的内容等。

⑦ 印有供转让股票时所用的表格。

四、责权性

根据我国《公司法》的规定，股票的持有者就是股份有限公司的股东，股东权利的大小，取决于占有股票的多少。它具有参与股份有限公司盈利分配和承担有限责任的权利和义务。有权或通过其代理人出席股东大会、选举董事会并参与公司的经营决策。

股东可凭其持有的股份向股份有限公司领取股息，享有索偿权和责任权。在公司解散或破产时，股东需向公司承担有限责任，股东要按其所持有的股份比例对债权人承担清偿债务的有限责任。在债权人的债务清偿后，优先股和普通股的股东对剩余资产亦可按其所持有股份的比例向公司请求清偿（索偿），但优先股股东要优先于普通股股东，普通股只有在优先股索偿后如仍有剩余资产时，才具有追索清偿的权利。

持有股票的股东有参加公司股东大会的权利，具有投票权，亦可看做参与经营权；股东亦有参与公司的盈利分配的权利，可称之为利益分配权。

从法律上来说，上市交易的股票都必须具备上述内容。我国发行的每股股票的面额均为人民币1元，股票的发行总额为上市的股份有限公司的总股本数。由于电子技术的发展与应用，我国深沪股市股票的发行和交易都借助于电子计算机及电子通信系统进行，上市股票的日常交易已实现了无纸化，我国现在的股票仅仅是由电子计算机系统管理的一组组二进制数字而已。

股票与储蓄的区别

股票和储蓄存款都是货币的所有人将资金交付给股份有限公司或银行，相应地有权获取收益，它们在形式有一定的相似性，但股票与储蓄存款在实质上有根本的不同。

1. 股票持有人和银行储户的法律地位及权利内容有所不同

股票持有人和储户虽然都享有一定的权利，但股票持有人处于股东的地位，有权参与股份有限公司的生产经营决策。而储户则仅仅是银行的债权人，其债权的内容限于定期收回本金和获取利息，储户不能参与债务人的经营管理，对其经营状况不负任何责任。

2. 股票与储蓄存款虽然都是建立在信用的基础上，但其性质不同

股票是以资本信用为基础，它的购买者是股份公司的股东，它体现着股份公司与股东之间围绕着投资而形成的权利和义务关系。而存款人实际上是贷款人，将自己暂时闲置的资金借给银行，是一种银行信用，它所建立的是银行与储户之间的借贷性债权债务关系。

3. 股票与储蓄的成本不同

在购买股票时，股民需要投入相当的精力去关注股市行情的变化，通过购买相关的报刊、杂志以获取信息资料来帮助研究上市公司的经营情况，从而决定股票的买进卖出。而储蓄存款只需根据利率事先选择好存款期限即可，无须花费过多的精力和物力。

4. 股票与储蓄收益的计算根据不同

股票的股息、红利是股份有限公司根据股民所持股票数量来派发的，有些股民投入的资金数量虽然很大，但由于购买的股票价格较高，其收益可能要远远低于同期的银行储蓄利息。因此，股票收益与股民投入资金的数量并没有直接的联系。而储户存款所获利息是根据存款的本金和银行存款利率来计算的，其收益的多少与投入的资金数量成正比，存款越多，收益越大。

5. 股票和储蓄存款虽都可使货币增值，但其风险性不同

股票是向股份有限公司的直接投资，它可根据股份有限公司的经营状况和盈利水平直接获取所追求的收益——股息和红利，它随股份公司的经营业绩而定，每年都有所不同，处于一种经常性的变动之中，股票的收益可以很高，也可能很低或没有。而储蓄存款则仅仅是通过实现货币的储蓄职能来取得收益——存款利息。这一增值部分是事先约定的、是固定的，它不会受银行经营的影响。

6. 股票和储蓄存款的存续时间和转让条件不同

股票只能到证券市场去转让，其价格要随行就市，能否收回投资要视交易时的股市行情而定。股票是无期限的，不管情况如何变化，股东都不能要求股份公司退股而收回股本，但可以进行买卖和转让。而存款人在储蓄存款到期后就可收回本金和利息。即使提前支取，任何形式的储蓄都能收回本金，储蓄存款一般是有固定期限的。

股票与债券的区别

股票和债券都是有价证券,股票是股份有限公司公开发行用以证明出资人和股东身份的凭证,而债券是政府或企业为了筹集资金而公开发行的并且承诺在限定的时间内还本付息的证券。它们既存在共同之处,又有本质上的区别。

作为投资手段,股票和债券的作用是相同的,它们一方面可为投资者带来收益,另一方面又能够使发行者筹集到所需的资金。

1. 从投资性质来讲,股票和债券有所不同

作为股票和有价证券,经过有关部门审批核准后,两者都可在证券市场进行买卖和转让,其流通价格均要受到银行利率等多重因素的影响。

认购股票是向股份有限公司的投资,构成公司的自有资金。相应地,投资者成为公司的股东,与公司之间形成股东权与公司生产经营权的关系。公司的经营状况与股东的利益息息相关,因而股东有权从公司经营中获取收益,有权参与公司的经营决策。

而购买债券所投入的资金是发行人所需追加的资金,属于负债的范畴。债券持有人可向发行人行使债权,要求收取利息,但无权参与企业的经营决策。投资者成为发行者的债权人,与发行人之间产生的是借贷性质的债权债务关系。

由此看来,股票和债券各自包含的权利内容就不尽相同,股票是一种综合性的股东权，而债券则是债权，其内容包括到期收取利息和本金的权利，在债务人破产时优先分取财产的权利。

2. 从收益多少与风险程度来讲，股票和债券有所不同

持有股票的股东依法获取的收益是股息和红利。由于它是从公司利润中支出的，完全依赖于股份有限公司的经营状况，故其数额事先难以确定。经营好的，股东则可获取大大高于公司债券的收益；而经营不善的，股东则可能低于公司债券的收益，甚至分文无收。

与持有股票不同，持有公司债券的债权人依法获取的收益是利息，其数额事先固定，并在企业的经营成本中支付，其支付顺序要优先于股票的红利。且企业经营效益的优劣与债券持有人的经济收益呈刚性关系，只要发债企业在经营上实现盈亏平衡，债券持有人到期就能收回本息，企业的盈利水平再高，债券的持有者却不会因此得到额外的利益。

3. 股票和公司债券流通性的区别

由于股票是永久性投资，股东不能退股，加之股票投资的风险性很大，使得股票的流通性较强，相应地其交易价格也就受供求关系的影响而有较大幅度的变化，因此，只能通过在股票交易市场中买卖转让才能收回投资，股东在转让股票时收回的金额与股票市场的波动直接相关。

但是，为了维护股份有限公司的资本信用，确保偿债能力，法律对于股份有限公司发行公司债券有所限制。比如，公司发行公司债券的总额，不得超过该公司净资产。如果股份有限公司对以前发行的公司债券有迟延支付本息等违约行为的，法律则规定不准再发行新的公司债券，等等。公司债券作为有期限的债权凭证，可以定期收取本金，交易价格的变动较为平缓，投资风险较小，其流通范围和流通频率均小于股票。

4. 股票与债券所承担的风险不同

由于股票价格波动较大，市值不固定，因此，股东不能获取固定的股息和红利，所以在经济收益上股东要承担较大的投资风险。

投资人认购公司债券，其与发行债券的公司是有期限的借贷关系，公司债券持有人到期既可收取固定的利息，又可收回本金。在收益分配上，公司债券持有人的地位优先于公司股东，特别是在公司经营亏损或破产时，要先偿还公司债权人的本息，然后才能在股东之间分配盈余或剩余财产。因此，债券是一种风险很小的保守性投资。

股票与基金的区别

股票与投资基金是有本质区别的，也是相互联系的，联系之处在于当前的很多投资基金都是偏股型基金。在基金投资的品种中，主要以股票为主，如果投资人购买偏股型基金，也就是委托基金经理代为投资股票，由于基金经理及其团队具有较为丰富的投资经验和广泛的信息渠道，因此，其投资收益相对比较稳健，基金投资人可以享受到专家理财的服务。但是由于国家对基金投资有诸多限制和规范，因此当大盘变换迅速时，其投资的灵活性又不及技术娴熟的散户投资人。

投资基金与股票的区别有如下5点。

1. 发行主体不同

投资基金是由投资基金公司发行的，它不一定就是股份有限公司，且各国的法律都有规定，投资基金公司是非银行金融机构，但在其发起人中必须有一家金融机构。而股票是股份有限公司募集股本时发行的，非股份公司不能发行股票。

2. 投资基金与股票的风险及收益不同

投资基金是由专家经营、集体决策，它的投资形式主要是各种有价证券及其他投资方式的组合，其收益就比较平均和稳定。由于基金的投资相对分散，其风险就较小，它的收益可能要低于某些优质股票，但其平均收益不比股票的平均收益差。

而股票是一种由股票购买者直接参与的投资方式，它的收益不但受上市公司经营业绩的影响、市场价格波动的影响，且还受股票交易者的综合素质的影响，风险较高，因此，收益也难以确定。

3. 股票与投资基金的期限不同

股票是股份有限公司的股权凭证，它的存续期是和公司相始终的，股东在中途是不能退股的。而投资基金公司是代理公众投资理财的，不管基金是开放型还是封闭型的，投资基金都有限期的限定，到期时要根据基金的净资产状况，依投资者所持份额按比例偿还投资。

4. 股票与投资基金的流通性

基金中有两类，一类是封闭型基金，另一类是开放型基金。封闭型基金有点类似于股票，大部分都在股市上流通，其价格也随股市行情在波动，它的操作与股票相差不大。开放型基金随时可在基金公司的柜台或者基金公司委托的银行柜台和网上账户买进卖出，其价格与基金的净资产基本等同。所以基金的流动性与公开上市发行的股票的流动性相差无几。

5. 股票和投资基金的权益不同

股票和基金虽然都以投资份额享受公司的经营利润，但股票的持有人是可以参与股份公司经营管理的。也就是说，即使你只拥有1手（100股）的股票，从法律上讲，你也有资格参加上市公司的股东大会。而基金投资者是以委托投资人的面目出现的，他可以随时撤回自己的委托，不能参与投资基金的经营管理，因此，无论你购买了多少份基金，都不能参加基金公司的决策会议。

股票的性质和作用

一、股票的性质

股票是一种有价证券，其持有人凭股票可获得一定的经济利益并享有相应的权利。股票具有收益性、风险性、流通性、参与性和稳定性等。这里，仅介绍股息和股票价格。

1. 什么是股息

股票持有者凭股票定期从股份有限公司取得的收入是股息。它来源于工人所创造的价值的一部分，股息表现为股份公司利润的一部分。股票只是对一个股份有限公司拥有的实际资本的所有权证书，只是代表取得收益的权利，是对未来收益的支取凭证，本身不是实际资本，而是间接地反映了实际资本运动的状况，从而表现为一种虚拟资本。

2. 什么是股票价格

股票价格又叫股票行市，股票价格一般是由股息和利息率两个因素决定的。股票本身没有价值，但它可以当做商品出卖，并且有一定的价格，它不等于股票票面的金额。股票的买卖实际上是买卖获得股息的权利，因此股票价格不是它所代表的实际资本价值的货币表现，而是一种资本化的收入。股票的票面额代表投资入股的货币资本数额，是固定不变的；而股票价格经常是大于或小于股票的票面金额，因此，它是变动的。

二、股票的作用

1. 对投资者的作用

（1）上市股票的买卖，须经买卖双方的竞争，只有在买进与卖出报价一致时方能成交，所以证券交易所里的成交价格远比场外市场里的成交价格公平合理。

（2）股票交易所利用传播媒介，迅速宣布上市股票的成交行情。这样，投资者就能了解市价变动的趋势，作为投资决策的参考。

（3）挂牌上市为股票提供了一个连续性市场，有利于股票的流通。证券流通性越好，投资者就越愿意购买。但是，在交易所挂牌股票的流通性却不如场外市场上股票的流通性。这是多数股票都在场外流通的一个重要原因。

（4）有利于获得上市公司的经营及财务方面的资料，了解公司的现状，从而作出正确的投资决策。

（5）证券交易所对经纪人所收取的佣金有统一的标准，老少无欺。

2. 对上市公司的作用

（1）股票上市后，上市公司的股权就分散在千千万万个大小不一的投资者手中，这种股权分散化能有效地避免公司被少数股东单独支配的危险，赋予公司更大的经营自由度。

（2）股票上市后，上市公司就成为投资大众的投资对象，因而容易吸收投资大众的储蓄资金，扩大了筹资的范围。

（3）上市公司既可公开发行证券，又可对原有股东增发新股，这样，上市公司的资金来源就很充分。

（4）上市公司主权分散及资本大众化的直接效果就是使股东人数

大大增加，这些数量极大的股东及其亲朋好友自然会购买上市公司的产品，成为上市公司的顾客。

（5）可争取更多的股东。上市公司对此一般都非常重视，因为股票多就意味着消费者多，这利于公共关系的改善和实现所有者的多样化，对公司的广告亦有强化作用。

（6）利于公司股票价格的确定。

（7）股票交易所对上市公司股票行情及定期会计表册的公告，起了一种广告效果，有效地扩大了上市公司的知名度，提高了上市公司的信誉。

（8）为鼓励资本市场的建立与资本积累的形成，一般对上市公司进行减税优待。

当然，并非所有的大公司都愿意将其股票在交易所挂牌上市。例如，大多数股票交易所都规定，在交易所里挂牌的公司必须定期公布其财务状况等，而有的大公司正是因为这一原因而不在交易所挂牌了。美国就有许多这样的大公司，它们不是不能满足交易所关于股票挂牌上市的条件，而是不愿受证券交易委员会关于证券上市的种种限制。

股票的构成要素

一、股票的分类

股票的形态和种类多种多样。它可以按照不同的方法，角度和标准进行分类。

（1）按在股东大会上投票权利划分，可分为单权股票、多权股票和无权股票三种。

（2）按股东的权利（特别是股息是否变动）划分，股票可分为普通股、优先股和两者的混合股。

（3）按股票持股主体（股票的持有者）来划分。股票可分为国家股、法人股、个人股三类。

（4）按股票能否向股份公司赎回投资划分，可分为不可赎回股票和可赎回股票两类（有少量的优先股票是可赎回的股票）。

（5）按股票票面形态划分，股票可以分为有面额股票和无面额股票，记名股票和无记名股票。

二、普通股的概念及特点

1. 普通股的概念

普通股是公司股份中最常见的一种，是股份公司资本构成中最重要、最基本的股份。普通股是相对优先股而言，它的基本特点是其投资收益（股息与分红）不是在购买时约定，而是事后根据股票发行公司的经营业绩来确定的，公司的经营业绩好，普通股的收益就高，而经营业绩差，普通股的收益就低。因此，普通股是所有股份有限公司的基础，也是风险最大的一种。

2. 普通股对企业筹资的益处

（1）公司可利用普通股的买进或卖出来临时改变资本结构。

（2）多发行普通股能有效地增加公司的贷款信用和借款能力。

（3）公司没有偿还股本的义务，使得公司可获得长期稳定的资本结构。

（4）通过普通股筹资，可以使公司免受债务人及优先股股东对经营者施加某些压力和限制。

（5）公司没有支付普通股息的法定义务，使得公司可以依据具体情况行事，当盈利较多时，就宣布多支付利息；当盈利下降或较低，或公司急需现金时，就可以少付或完全停付股息。

3. 普通股的缺点

（1）普通股增加发行，往往会使公司原有股东的参与权掺水，可能引起普通股市价下跌。
（2）向普通股东支付的股息等报酬较高。
（3）普通股筹资花费的费用较多。

4. 普通股持有人的权利

普通股持有人是公司的基本股东，可以享有的权利包括以下几项：
（1）资产分配权，即在公司解散或清算时，普通股股东有权按持有股份的比例来获得财产的分配。
（2）股份转让权。
（3）投票选举权或称参与经营权。
（4）优先购股权，即在股份公司增发新股时，普通股股东占有优先购买新股的权利，以维持原有股东在该公司企业资本所有权中所占的比例。
（5）收益分配权。

三、优先股的概念、特点及分类

1. 优先股的概念

优先股是股份公司专门为某些获得优先持股权的投资者而设计的一种股票。它虽名为"股票"而非"债券"，但却带有债券的特点，是介于债券与普通股票之间的一种有价证券。即指在分配公司的红利和公司清算时分配公司的资产这两个方面，均比普通股享有优先权的股份。

2. 优先股的特点

优先股的特点，表现在以下四个方面：

（1）优先取得股息。优先股一般预先定明股息收益率，其股息一般不根据公司经营盈亏而增减，并先于普通股获得股息，在法律上，优先股的地位仅次于债券，而先于普通股。

（2）股票某种可赎回性。优先股与普通股一样也没有到期时间，但公司在发行时通常规定，只要提前一两个月发出通知，公司就有权在必要时按照规定的价格，赎回优先股，赎回的日期，多为支付红利的同时。赎回时，需将优先股票面价值加上本期股利，有的需加额外的若干补贴。

（3）优先得到清偿或称有优先索偿权。公司倒闭时，为了偿还债务，不得不拍卖公司资产，这时，优先股有权按照票面价值的规定，先于普通股从拍卖所得资金中得到清偿。

（4）表决权有限性。优先股股东一般没有选举权和被选举权，对股份公司的重大经营无投票权，但在某些情况下，可以享有投票权，如公司股东大会需要讨论与优先股有关的权利时，优先股股东有权参加股东大会。

3. 优先股对企业筹措资金而言的主要优点

（1）优先股是公司长期、稳定的资金来源，对企业的资金周转有利。

（2）优先股转换成普通股或债券，可以免税。

（3）优先股股东没有投票权，使公司能够避免优先股股东参与投票而分割公司的支配权。

（4）股息率固定，能使公司利用财务杠杆利益。当税前收益增大时，每1元利润所负担的固定利息等就会相对减少，这就给每一股普通股带来额外利润，即财务杠杆利益。在资本不变的条件下，公司需要从税前收益中支付利息、优先股息，是固定不变的。

4. 优先股对企业筹措资金而言的主要缺点

（1）优先股虽然没有届满期，但公司章程中的一系列规定，又在实质上规定了届满日期。

（2）优先股股息必须从税后净收益中支付，较之公司债券则增加了所得税负担。

5. 优先股的分类方法

（1）按股息是否累积划分有：累积优先股和非累积优先股。

（2）按优先股是否可以转换成为普通股来划分，分为可转换优先股和非转换优先股。近年来极受欢迎的优先股是可转换优先股。

（3）按股息是否可以参与公司盈利的分配来划分，可分为参与优先股和非参与优先股。

（4）按股息是否可以调整来划分，可以分为可调整优先股和非调整优先股。

（5）按股份公司是否可以赎回优先股来划分，可分为可赎回优先股与非可赎回优先股。前者是指公司发行的优先股票附有可赎回条款，允许股份公司在一定时期、按约定的条件可以赎回已发行的优先股；后者是指在任何时候，任何条件下都不能赎回的优先股。

四、混合股的概念及特点

1. 混合股的概念

混合股是我国初创股票发行市场时出现的一种股票形式。从严格意义上说，这类股票对普通股也可算作优先股。

2. 混合股的特点

（1）在股东权利方面，这类混合股的股东权利没有统一的规定，由各股份公司根据自己的情况来确定股东的权利，极不统一，有的股份企业规定股东具有选举权，被选举权，而有些股份企业的股东却没有选举权，被选举权和投票表决权。

（2）在股票投资收益方面，采取"保息分红加封顶"的做法。分红是在公司的经营有税后盈利时，股东可根据公司的盈利水平参与红利分配；保息是按一年期居民储蓄存款利率水平来计算股息，并可随利率变动而变动；封项是规定最高的股票投资收益率，即规定股息和红利的总和一般不能超过投资额的 15%，也就是说，股票的收益率不能超过 15%。

(3) 在股票投资的期限方面，采取定期归还或退股自由等做法。有些混合股还明确规定在一定期限归还投资本金具体的期限；有些混合股采取退股自由的形式，因而改变了股票投资的无期性特点，使之带有定期债券和定期存款的性质。

总之，由于当时股票发行市场本身不规范，这类混合股的股票也没有严格的规定，股东的权利和义务等问题都没有较好的体现。随着我国改革的深入，股票发行市场开始走向规范化，这类前期试验性的股票发行类别亦开始向规范化的股票类别发展。

五、有面额股票和无面额股票

1. 概念

有面额股票，是指在票面上标明一定金额的股票；无面额股票，是指在票面上不载明金额的股票，它是以公司财产价值的一定比例为其划分的标准，并且其价值随着公司的财产的增减而增减。

2. 特点及意义

有面额股票与无面额股票两者之间，只是形式上存在差异，在法律意义上并无差别，有面额股票上的面额，其意义并不明确，它只是不允许以不满面额股票的面值进行发行。如果发行价格超过面值以上时，其超额部分必须转为资本，面额只是作为这样的基准才有意义。然而，随着公积金转入资本而发行新股票（所谓无偿发给），这时对于公司来说，既没有增加资产，同时发行的面额股票的面值与资本总额也不尽一致，所以说面额几乎不具备经济上的意义。

六、累积优先股与非累积优先股

1. 累积优先股

累积优先股，是指公司在某个时期内，如果公司所获盈利不足以分配规定的股利时，日后优先股对往年未付给的股利，有权要求如数补给。

其特点是：股息率固定，且可以累积，持有这种股票可以有一笔稳定的收入。因而对投资者具有较大的吸引力。这种优先股最常见，发行比较广泛。

2. 非累积优先股

非累积优先股，是指公司因经营不当或其他原因，当年获得的盈利不足以按规定的股利分配时，其所欠的部分，股东不能要求公司在以后获利较好的年度予以补发。对于投资者来说，非累积优先股不及累积优先股有利，故认购者不多，发行量也很少。

股票的具体种类

1. A 股

A 股是在我国境内由境内公司发行，由境内投资者（国家允许的机构、组织和个人）购买的，在境内交易的人民币普通股票。

2. B股

B股的公司在境内发行和上市，以人民币标明面值，由外国人和我国台湾、港澳的法人、自然人和其他组织，以及境内外的中国公民，以外币认购和买卖的特种股票。

3. H股

H股的公司注册地在境内，但在香港发行和上市，以港币标明面值，由外国人和我国台湾、港澳的法人、自然人和其他组织以外币认购和买卖的特种股票

4. 绩优股

绩优股一般指公司业绩优良的股票。通常以每股收益和净资产收益率连续几年处于领先的地位确定。如大家熟悉的贵州茅台、五粮液，等等。

5. 蓝筹股

西方赌场中有三种颜色的筹码，分别是蓝色、红色和白色。蓝色筹码最值钱。所以套用在股市上，蓝筹股就是指公司业绩优良，在行业内和股市中占有重要地位的股票。

6. 垃圾股

垃圾股一般指公司业绩很差的股票。通常以每股收益和净资产收益率连续几年处于负值的情况确定。

7. 国有股

国有股指由国家和国有法人投资形成的股份。2006年8月后陆续上市流通。

8. 法人股

法人股指由国有法人和非国有法人投资形成的股份。2006年8月后陆续上市流通。

9. 公众股

公众股指自然人和法律允许的机构投资者购买公司股票形成的股份。公众股可以流通。

10. 五无概念股

五无概念股俗称"三无概念"股，实际上为五无概念股。五无概念股指在股本结构中无国家股、法人股、外资股、内部股、转配股。所有股份全部是社会公众股，因此全可以流通。

11. 大盘股

大盘股没有统一的标准，一般约定俗成，指股本比较大的股票。

12. 小盘股

小盘股没有统一的标准，一般约定俗成，指股本比较小的股票。

13. 次新股

次新股一般指上市不到两年的股票。

14. 黑马股

黑马股一般指股价突飞猛进的股票。

15. 送股

送股是上市公司分红的一种形式。

16. 转股

转股是上市公司分红的一种形式，即采取从资本公积金中转增股份的办法分红。

股票的发行

一、股票公募发行

公募发行，又称公开发行，是通过向非特定的公众投资者发行股票的一种筹资方式。

1. 特点

由于公募发行是面向广大的投资者的，因此，需要发行企业向公众公开财务内容，提供关于发行企业的情况。例如，为了起到保护投资者的作用，以有价证券呈报书和有价证券报告书形式提供公募条件、企业概况和财务状况等信息。让投资者在发行和流通市场作出投资选择。

发行企业可以运用效果最好的方法从股票市场筹措资金。公募发行能扩大资金筹集量，增强股票的流通性；同时以公众投资者为推销对象，能使股票的持有人众多而且分散，不至于集中在少数大户手中，有利于提高公司的社会性。

公募发行时，公司的股东和职员也可以参加认购，但认购不宜过多，法律对其认购的比例有一定的限制，原则上大股东的认购不得超过发行总额的 20%，职工的认购不得超过 30%，以防止改变公募的性质。

2. 分类

公募发行包括直接发行和间接发行两种形式。

（1）直接发行是工商企业直接面向社会募集，这种发行的好处是可以节省向代理机构缴纳手续费，减少发行成本；不利之处是，如果申请额低于发行额，就会使发行失败。

（2）间接发行是由发行企业委托证券公司面向社会发行股票，又称委托募集，包括助销、包销、代销三种具体形式。

二、股票发行的价格

1. 溢价发行

溢价发行是发行股票的价格高于股票面值的一种发行方式。股票面值与发行价格的差额就是溢价。溢价发行有两种具体表现：时价发行和中间价发行。

（1）时价发行。它是以流通市场上的股票时价为基准来确定股票发行价的发行方法。时价通常是以每天变动的股票价格为基准，时价发行一般低于股票市场价格的 5%～10%左右。以时价发行股票是筹集资金的有效途径，一般适用于股票在市场上公募发行的场合或向与公司有密切业务往来关系的金融机构及其他公司等第三者分配股票的场合。时价发行股票而得到的溢价收入应该是属于股东的，待公司事业有进展时，以无偿交付等方式归还给股东，投资者通过公司今后无偿增资形式获得利益。由于股票市场上行情变化无常，若该股票价格上涨、投资者迅速卖出该股票，收回的现金也许远大于购买该股票时的投资本金。

时价发行的价格虽然是以股票流通市场价格为基础，但在具体决定股票发行价格时，应注意不要使发行价定得过高或过低，以防止产生弊端。

(2) 中间价发行。它是指新股票的发行价格取其面额与市场价格的中间值。具体分为两种情况：一是介于时价和面值中间，但接近时价为发行价格；二是介于时价和面值中间，但接近面值并加些低微溢价增益为发行价格。采用中间价格发行股票，不改变原有股东的构成，通常以股东分摊形式发行股票时采用这种办法。

溢价发行新股票时一般要考虑老股东的权益。为了平衡新老股东之间的权益，在溢价发行时，通常给老股东以优先购买权和平价购买的优惠权。

2. 面值发行

面值发行又称等价或平价发行，是指股票的发行价格与票面价值相等的发行方法。一般国家的公司法都明确规定，股票的发行价格不得低于票面价值，因此，以面值发行是股票发行的基本价格。

面值发行有以下特点：

(1) 发行公司的费用较低，发行价格不受市场行情的影响，比较适用于公司成立时的首次发行。

(2) 购买者能明确知道每股所代表的股权比例，从而推算出自己能够对股份公司拥有多大的所有权。

(3) 不足的是，如果发行公司的知名度、资信级别、获利程度都不太高时，承销商为收费低廉而不愿大力促销时，则股票的发行就可能不易顺利完成。

3. 折价发行

折价发行是以低于股票面值的价格发行。一般来讲，发行公司声誉好、业绩好的，打的折扣自然小些；如果发行公司的业绩一般，或者是一个新成立的公司，这个折扣就要打得大一些。

多数国家规定公司不得以低于票面额的价格发行股票，美国有很多州还规定这种发行价格为非法。英国也原则上规定公司除特殊情况外，不得折价发行。若被批准采用这种价格，折扣大小可由发行公司与经销商双方协商。

4. 有偿增资发行

有偿增资发行是已建的股份公司在募集新股时，要求投资者按股票面额或市场价格缴纳现金实物购买股票的一种增资方式。

有偿增资公开发行股票，一般可按溢价发行。溢价发行有利于维护和提高公司股票在市场的信誉。因为股票发行公司已有多年盈利积累，其实际资产必然已发生升值，如果该公司股票为上市股票，其市场价格必高于面值。但溢价发行时要考虑为了平衡新老股东的权益，在溢价发行时可给老股东以优先购买权和平价购买的价格优惠权。

有偿增资是最一般的增资方式，具体形式可细分为以下三种：

（1）公募发行。向非特定的公众投资者推销股票。

（2）第三者配股。公司向特定人员、关系户分摊新股认购权。

（3）股东配股。股份公司向原有股东分配新股购买权，准其优先认购增资。

5. 无偿增资发行

无偿增资发行与有偿增资不同，公司的实际总资本并没有增加，只是调整了资本结构或把积累资本化，增强公司信誉，提高股东信心。它是指公司股本的增加不是靠外界募集，而是靠减少本公司的公积金的积累或盈余结存，按比例将新股无偿交给原股东的一种增资方式。

无偿增资发行的股票，只需在公司内部以转账方法，无偿地分配所发行的新股。具体情况和形式有以下三种：

（1）股票分红。股票分红又称股票派息分红，是股份公司将本应分摊给原股东的股息红利转入资本，通过发行相应数额的新股票的方法对股东进行分配。这是近年证券发行市场上出现的一个新的变化，其好处是：可以扩大公司自有资金规模，防止资本外流；对于股东又取得了参与分配盈利的同样效果，还可以免缴个人所得税；在宏观上有助于控制消费基金的增长。问题是由于增加了股份数额，也就加重了公司利益分配上的负担。

（2）法定公积金转作资本配股，即公司将法定的公积金转入资本，发行相应数额新股，分配给原股东的增资方法。采用按原股东持有股数平等摊配，以保持原股东对公司股份所有权的比例，以使对公司的各项权益不发生变化。

（3）股份分割。股份分割又称股票分割或股票拆细，是股份公司在资本总额不变的情况下，对大面额股票实行细分，以增加股份份数，从而降低了股票的面额价格，便于个人投资者购买，有利于扩大发行量和流通量。

无偿增资只是增加了股份公司的股份数额，而资本数额并没有增加，它是无偿发行的一种特殊形式，也是近年来股票发行市场出现的一种新变化。

股东的权利和义务

投资股票即代表成为公司的股东。股东可享有以下的权利。

一、优先认股权

公司现金增资发行新股时，原股东按照持股比例有优先认购的权利。这个条款的目的在于维持原股东的持股比例，避免原股东的股权因发行新股而稀释。

二、剩余资产分配权

公司清算后，股东按持股比例分配剩余资产。但必须注意的是，剩余资产先偿还债权人，再给予优先股股东，最后剩下的才分给普通股股东。

三、检查账务权

根据我国《公司法》规定，公司应该编列营业报告书、资产负债表、主要财产的目录、利润表、股东权益变动表、现金流量表、盈余分派或亏损拨补预案等表册，在股东会召开前三十天交予监察人查核。之后这些表册与监察人的报告书，应该在股东会上提请股东会通过，并日后将通过后的这些表册分发给各股东。

四、出席会议权

公司的董事会，每年应该至少召开一次股东大会，在会中提出年度报告。若股东对公司有什么建议或不满，可以在股东会上提出质疑，督促经营者改善。

五、盈余分配权

股东按持股比例分配公司盈余。不过需要注意的是，若公司本年度赚了1亿元，并非把1亿元全部分给股东。尽管如此，理想的投资可以为股东赚取优于银行利息的利润。

六、必须承担经营的风险

股东必须承担经营的风险，但股份有限公司股东的责任仅以出资额为限，也就是说，若你拥有3000股某公司的股票，则最惨的情况就是变成3000股的价值为零，不会要求你再拿其他私人的财产来偿还公司债务。

股票的形式

目前，股份有限公司已经成为最基本的企业组织形式之一；股票已经成为大企业筹资的重要渠道和方式，亦是投资者投资的基本选择方式；股票市场（包括股票的发行和交易）已成为证券市场重要基本的内容。

(1) 股票是一种出资证明，当一个自然人或法人向股份公司参股投资时，便可获得股票作为出资的凭证。

(2) 股票持有者凭借股票参加股份发行企业的利润分配，也就是通常所说的分红。

(3) 股票的持有者凭借股票来证明自己的股东身份，参加股份公司的股东大会，对股份公司的经营发表意见。

股票只是对一个股份公司拥有的实际资本的所有权证书，是参与公司决策和索取股息的凭证，不是实际资本，而只是间接地反映了实际资本运动的状况，从而表现为一种虚拟资本。

股票持有者凭股票从股份公司取得的收入是股息。股息的派发取决于公司的股息政策，如果公司不派发股息，股东无法获得股息。优先股股东可以获得固定金额的股息，而普通股股东的股息是与公司的利润相关的。普通股股东股息的发派在优先股股东之后，必须所有的优先股股东满额获得他们曾被承诺的股息之后，普通股股东才能获得发派的股息。

股票的特点

一、流通性

股票的流通性是指股票在不同投资者之间的可交易性。通过股票的流通和股价的变动，可以看出人们对于相关行业和上市公司的发展前景和盈利潜力的判断。流通性通常以可流通的股票数量、股票成交量以及股价对交易量的敏感程度来衡量。可流通股数越多，成交量越大，价格对成交量越不敏感（价格不会随着成交量一同变化），股票的流通性就越好，反之就越差。股票的流通，使投资者可以在市场上卖出所持有的股票，取得现金。

那些在流通市场上吸引大量投资者、股价不断上涨的行业和公司，可以通过增发股票，不断吸收大量资本进入生产经营活动，收到了优化资源配置的效果。

二、收益性

股票的收益性，表现在股票投资者可以获得价差收入或实现资产保值增值。通过低价买入和高价卖出股票，投资者可以赚取价差收益。股东凭其持有的股票，有权从公司领取股息或红利，获取投资的收益。股息或红利的大小，主要取决于公司的盈利水平和公司的盈利分配政策。

但在通货膨胀时，股票价格会随着公司原有资产重置价格上升而上涨，从而避免了资产贬值。股票通常被视为在高通货膨胀期间可优先选择的投资对象。

三、参与性

股票持有者的投资意志和享有的经济利益，通常是通过行使股东参与权来实现的。股东有权出席股东大会，选举公司董事会，参与公司重大决策。股东参与公司决策的权利大小，取决于其所持有的股份的多少，从实践中看，只要股东持有的股票数量达到左右决策结果所需的实际多数时，就能掌握公司的决策控制权。

四、不可偿还性

股票是一种无偿还期限的有价证券，投资者认购了股票后，就不能再要求退股，只能到二级市场卖给第三者。股票的转让只意味着公司股东的改变，并不减少公司资本。从期限上看，只要公司存在，它所发行的股票就存在，股票的期限等于公司存续的期限。

五、价格波动性和风险性

由于股票价格要受到诸如公司经营状况、供求关系、银行利率、大众心理等多种因素的影响，其波动有很大的不确定性。正是这种不确定性，有可能使股票投资者遭受损失。

股票在交易市场上作为交易对象，同商品一样，有自己的市场行情和市场价格。同时，股票是一种高风险的金融产品。价格波动的不确定性越大，投资风险也越大。股民如果不合时机地在高价位买进该股，就会导致严重损失。

股票获利的来源

股票获利有两种来源，一是公司分配盈余时股东所得的股息，一是股票买卖间的价差。

一、股息

当你所投资的公司赚钱时，会按照你持有的股份占所有股份的比例，分配利润给你，此时你所获得的利润，就是股息。股息可分成两种，一为股票股息；一为现金股息。需注意的是，当公司不赚钱的时候，股东就可能完全领不到股息了。

1. 股票股息

所谓股息就是公司把所赚的利润分配给股东。当投资人买进公司的股票时，即代表投资人成为该公司的股东。当公司赚钱时，股东自然可享有利益。

假设A公司去年盈利。公司的分配方案是每10股送4股给股东，这就是股票股息。如果你有1000股A公司的股票，因此你可得到400股的股票股息，你的持股总数将增加为1400股。

2. 现金股息

延续上个例子说明，若A公司的分配方案是每10股派3元（含税），就是用现金的方式发放,即现金股息。至于你的股票数量则没有任何变动,还是维持在 1000 股。

二、股票价差

当市场上对某只股票的需求量大于供给量时,该股票的价格就会上涨。若投资人能低买高卖,就能赚取当中的差价。

三、领取股息

在沪深股市中,股票的分红派息都由证券交易所及登记公司协助进行。沪市上市公司对红股的处理方式与深市一致,但现金红利需要股民到券商处履行相关的手续,即股民在规定的期限内到柜台中将红利以现金红利权卖出,其红利款项由券商划入资金账户中。如逾期未办理手续,则需委托券商到证券交易所办理相关手续。在分红时,深市的登记公司将会把分派的红股直接登录到股民的股票账户中,将现金红利通过股民开户的券商划拨到股民的资金账户。

股票的风险

股市的风险是指买入股票后在预定的时间内不能以高于买入价将股票卖出,发生账面损失或以低于买入价卖出股票,造成实际损失。

一、系统性风险

系统性风险又称市场风险，也称不可分散风险。系统性风险是指由于某种因素的影响和变化，导致股市上所有股票价格的下跌，从而给股票持有人带来损失的可能性。系统性风险主要是由政治、经济及社会环境等宏观因素造成的，投资人无法通过多样化的投资组合来化解的风险。

系统性风险主要有以下几类：

1. 政策风险

经济政策和管理措施可能会造成股票收益的损失，这在新兴股市中表现得尤为突出。如财税政策的变化可以影响到公司的利润，股市的交易政策变化，也可以直接影响到股票的价格。此外还有一些看似无关的政策，如房改政策，也可能会影响到股票市场的资金供求关系。

2. 市场风险

市场风险是股票投资活动中最普通、最常见的风险，是由股票价格的涨落直接引起的。尤其在新兴市场上，造成股市波动的因素更为复杂，价格波动大，市场风险也大。

3. 购买力风险

由物价的变化导致资金实际购买力的不确定性，称为购买力风险，或通货膨胀风险。一般理论认为，轻微通货膨胀会刺激投资需求的增长，从而带动股市的活跃；当通货膨胀超过一定比例时，由于未来的投资回报将大幅贬值，货币的购买力下降，也就是投资的实际收益下降，将给投资人带来损失的可能。

4. 利率风险

在股票市场上，股票的交易是按市场价格进行，而不是按其票面价值进行的。市场价格的变化也随时受市场利率水平的影响。当利率向上调整时，股票的相对投资价值将会下降，从而导致整个股价下滑。

二、非系统性风险

非系统性风险一般是指对某一个股或某一类股票发生影响的不确定因素。如上市公司的经营管理、财务状况、市场销售、重大投资等因素，它们的变化都会对公司的股价产生影响。此类风险主要影响某一种股票，与市场的其他股票没有直接联系。

非系统性风险主要有以下几类：

1. 经营风险

经营风险主要指上市公司经营不景气，甚至失败、倒闭而给投资者带来损失。上市公司经营、生产和投资活动的变化，导致公司盈利的变动，从而造成投资者收益本金的减少或损失；上市公司自身的管理和决策水平等都可能会导致经营风险。

2. 信用风险

信用风险也称违约风险，指不能按时向股票持有人支付股息而给投资者造成损失的可能性。造成违约风险的直接原因是公司财务状况不好，最严重的是公司破产。此类风险主要针对债券投资品种，对于股票只有在公司破产的情况下才会出现。

3. 财务风险

财务风险是指公司因筹措资金而产生的风险，即公司可能丧失偿债能力的风险。公司的财务风险主要表现为：无力偿还到期的债务，利率变动风险，再筹资风险。公司财务结构的不合理，往往会给公司造成财务风险。形成财务风险的主要因素有资本负债比率、资产与负债的期限、债务结构等因素。一般来说，公司的资本负债比率越高、债务结构越不合理，其财务风险越大。

4. 道德风险

道德风险主要指上市公司管理者的不道德行为给公司股东带来损失的可能性。上市公司的股东与管理者之间是一种委托代理关系，由于管理者与股东追求的目标不一定相同，尤其在双方信息不对称的情况下，管理者的行为可能会造成对股东利益的损害。

三、交易过程风险

在实际投资活动中，投资者还应防范交易过程中的风险。交易过程中的风险又分为交易行为风险和交易系统风险。

1. 交易行为风险

随着证券市场的发展，证券交易越来越复杂，因普通投资者个人知识有限、时间有限，很难全面适应这种变化，经常发生一些不该发生的损失。比如错过配股缴款、忘记行权甚至选择了非法的交易网点和交易方式，等等。还有一些风险是由券商违规造成，损失却转嫁到投资者身上，比如保证金被挪用、股票账号被非法指定、股票被无理冻结，等等。

2. 交易系统风险

为了方便投资者进行交易，证券公司往往都会提供多种交易方式供客户使用，目前市场上存在的主要交易方式有网上交易、电话委托交易、营业网点现场柜台自助交易、手机交易，等等。这些委托方式都存在以下共同的风险：

（1）由于交易人数过多，存在交易系统繁忙、速度慢需要等待而延误交易的风险。

（2）由于技术设备原因造成交易委托功能不能使用或延误、转账功能不能使用或延误的风险。

(3) 由于交易密码、股东代码、资金账号等个人身份有关资料泄露，发生违背投资者意愿委托的风险。

(4) 由于不可预测和不可控制的因素致使系统故障、设备故障、通信故障、停电及其他突发事故导致不能交易等风险。

(5) 在以上各种交易委托过程中，因投资者错误或无效操作造成的损失。

另外，网上交易和手机交易还存在着一些比较特殊的风险：

(1) 网上发布的证券行情信息及其他证券信息由于传输速度的原因可能滞后或由于其他不可预测的因素如黑客恶意攻击，可能出现错误、误导、延迟或被恶意修改，可能影响到投资者的投资行为而造成损失。

(2) 网上传输的数据有可能被某些个人、团体或机构通过某种非法渠道获得，使得投资者的资料被非法窃取而造成损失。

(3) 由于其他非证券交易使用人数过多而导致网络繁忙、传输速度减慢，因此交易指令有可能会出现中断、停顿、延迟、数据错误等情况。

(4) 手机交易实质上也是一种网上交易，具有网上交易所有风险，但手机交易还需要通过中国移动公司的 GPRS 无线网络（中国联通公司的 CDMA 网络）传输客户交易指令，交易指令可能因 GPRS 网络因素而出现中断、停顿、延迟、数据错误等情况，给投资行为带来一些不确定性。

四、特殊风险

投资者对以下一些特殊风险也应该有充分认识：

1. 股灾

有一种特殊的风险形式叫股灾。股灾不同于一般的股市波动，也有别于一般的股市风险，具有突发性、破坏性、联动性、不确定性的特点。它是指股市内在矛盾积累到一定程度时，由于受某个偶然因素的影响，突然发生的股价暴跌，从而引起社会经济巨大动荡，并造成巨大损失的异常经济现象。股灾对金融市场的影响巨大,它的发生往往是经济衰退的开始。

2. 不可抗力风险

因地震、台风、水灾、火灾、战争、罢工及其他不可抗力导致股票市场无法正常交易带来的风险。

五、股市风险的成因

证券市场中使投资者蒙受损失的风险归纳起来不外两大类:一类是外部客观因素所带来的风险;另一类是由投资者本人的主观因素所造成的风险。

外部客观因素所带来的风险有以下几种:

1. 利率风险

这是指利率变动,出现货币供给量变化,从而引发证券需求变化所导致证券价格变动的一种风险。利率下调,人们觉得存银行不合算,就会把钱拿出来买证券,从而造成买证券者增多、证券价格便会随之上升;相反,利率上调,人们觉得存银行合算,买证券的人随之减少,价格也随之下跌。在西方发达国家,利率变动频繁,因利率变动造成的风险也就较大;而在一些不发达国家,利率较少变动,所引起的风险也相应较低,人们承担这种风险的意识和能力也较差。

2. 物价风险

一般来说,在物价指数上涨时,货币贬值,人们会觉得买债券吃亏了,而引起债券价格下降,但是,股票却是一种保值手段,因为这是拥有企业资产的象征。物价上涨时企业资产也会随之增值,因此,物价上涨也常常引起股价上涨。另一方面,物价上涨,特别是煤、电、油的价格上涨,使企业成本增加,这时投资股票也不免会有风险。

因此，物价风险又称通货膨胀风险，指的是物价变动影响证券价格变动的一种风险。这里有两种情况：一种是一些重要物品（如电、煤、油等）价格的变动，从而影响大部分产品的成本和收益；另一种是物价指数的变动。不过总的来说，物价上涨，债券价格下跌，股市则会兴旺。

3. 市场风险

证券市场瞬息万变，直接影响供求关系，包括政治局势动荡、货币供应紧缩、政府干预金融市场，投资大众心理波动以及大投机者兴风作浪等，都可以使证券市场掀起轩然大波。因此，市场风险是指证券市场本身因各种因素的影响而引起证券价格变动的风险。

4. 企业风险

企业风险指上市企业因为行业竞争、市场需求、原材料供给、成本费用的变化，以及管理等因素影响企业业绩所造成的风险。企业风险一般有三种情况。

（1）营业风险。这里有市场上某种产品饱和滞销的因素，也有政府产业政策的影响，使某一行业或产业受到限制。例如为防治污染，有污染性的企业或因此关门，或者迁移，或者必须花极大费用去整治污染，从而造成企业利润大大下降甚至亏损。

（2）财务风险。这指的是企业财务状况不良，包括财务管理不当，规划不善，企业规模扩大过度等，从而造成不应有的营业损失和资本损失。一个企业若发生营业性风险尚可调整方向，若遇财务风险，有时在其会计报告中会用不属实的财务数据来欺瞒股东，误导投资人，当财务报告中突然出现大额营业外收入或非常利益所得，看起来公司获利大为增加时，需特别引起注意，这很可能是一种假象，投资者一定要谨慎对待。

（3）投资风险。若按风险影响的范围来说，投资风险可分为社会公共风险和个别风险，利率风险、物价风险、市场风险均属公共风险，企业风险则是一种个别风险。同样，因投资者本人主观因素造成的风险，也属于个别风险之列，包括盲目跟风、不必要的恐慌、贪得无厌、错误估计形势、错过买卖时机、像赌徒一样迷恋股市，等等。其中盲目跟风和贪得无厌更是会将投资者置于死地的两种常见风险。

盲目跟风常常与不必要的恐慌联系在一起，成为大投机者操纵股市的牺牲品。一些大投机者往往利用市场心理，把股市炒热，把股价抬高，使一般投资者以为有利可图，紧追上去，这时投机者又把价位急剧拉下，一般投资者不知就里，在恐惧心理下，又只好盲目跟进，不问情由，竞相抛售，从而使股价跌得更惨。这种因盲目跟风而助长起来的大起大落常常让投资者跌得晕头转向，投机者则从中大获其利。

贪得无厌则跟赌博心理联系在一起。有这种心理的投资者常不惜把资金全部投在股票上，孤注一掷背水一战。毫无疑问，这种人多半落得倾家荡产的下场。

股票风险的防范策略

一、系统性风险的防范策略

系统性风险虽然对股市影响面大，一般很难用市场行为来化解，但精明的投资人还是可以从公开的信息中，结合对国家宏观经济的理解，做到提前预测和防范，调整自己的投资策略。

二、非系统性风险的防范策略

对于非系统性风险，投资者应多学习证券知识，多了解、分析和研究宏观经济形势及上市公司经营状况，增强风险防范意识，掌握风险防范技巧，提高抵御风险的能力。

三、投资交易过程的防范策略

（1）妥善保管好自己的交易密码、资金账号、股东代码、身份证等个人资料，不要将交易密码随意告诉别人，即使是证券公司的人。

（2）经常登录开户证券公司网站和网上交易系统查询、了解自己拥有股票的公告信息、账户资金情况，查询完毕及时退出，切勿忘记。

（3）在开户时留下准确的联系方式，包括手机、电话、通信地址、电子邮箱等，联系方式变更时及时通知所在券商，以便证券公司在上市公司发布重要公告或其他市场重大事件时能及时通知到。

（4）对开户的券商要有清晰的了解，选择一家信誉好的证券营业部，选择券商应考虑的标准主要包括：合法性、公司规模、信誉、服务质量、软硬件及配套设施、内部管理状况。

（5）考虑聘请所在券商专业投资顾问建立长期的联系，及时获得各种信息。

四、交易系统风险的防范策略

交易系统存在的风险可以通过以下措施进行防范：

（1）尽量开通多种交易方式并熟练掌握各种交易方式，在一种交易方式无法使用的情况下可以备选其他交易方式。

（2）在交易委托下单操作时，应谨慎小心，做到"一慢、二看、三通过"，特别要注意防止下单方向的错误和下单数量的错误，以免带来操作上的失误。

（3）如果由于某种原因无法通过正常交易通道进行交易委托，应及时与证券公司各网点服务热线联系寻求帮助。

（4）不要在身边有陌生人关注的情况下进行交易和查询等操作。尽量避免在网吧等公共场所使用网上交易，网上交易、手机交易完毕及时退出操作界面。电话委托尽量少用液晶显示的电话委托，如果使用的是这一类电话委托，使用完后按下电话键，再重新拿起来随便拨几个数字，使原来委托时的数字消失。

（5）妥善保管好自己的交易密码、资金账号、股东代码等个人资料，不要随意告诉别人。

（6）尽量使用高安全级别的认证方式。如交易密码和认证口令设置时不要使用相同密码；避免使用生日、电话号码、身份证号等容易猜测的数字串作为密码；认证口令请不要只使用数字，使用字母的时候要注意大小写，提倡使用字母和数字的组合；定期修改交易密码和认证口令，等等。

第二日

炒股的基础知识

如何使新股民在股票交易中,尽可能地减少风险和损失?只有充分地了解了这些与炒股相关的金融、证券知识后,才能对股票有一定的信心与把握,为自己在股市中留有不败的足迹打下良好的基础。

新手炒股入门十日读

证券市场

一、证券市场的概念

证券市场是证券发行和交易的场所。从广义上讲,证券市场是指一切以证券为对象的交易关系的总和。从经济学的角度,可以将证券市场定义为:通过自由竞争的方式,根据供需关系来决定有价证券价格的一种交易机制。在发达的市场经济中,证券市场是完整的市场体系的重要组成部分,它不仅反映和调节货币资金的运动,而且对整个经济的运行具有重要影响。

二、证券交易的特点

股票是证券交易所从事买卖交易的重要证券,为了保证交易的公平、公正,交易所只为进行交易制定规则,但本身不能买卖股票,更不能决定交易价格,只是为买卖双方提供一个方便可靠的场所。

证券交易所市场的特点表现为:

(1) 公开性。证券交易所是股票买卖交易完全公开的市场,一切交易都是以公开的方式进行。

(2) 时间性。具有固定的交易场所和严格的时间,交易对象限定为符合一定标准的已上市股票。

(3) 公正性。参加交易者为具备一定资格的会员、证券公司以及特定的经纪人和证券商。交易所为股票买卖双方成交创造条件、提供服务，并对双方进行监督，为双方提供一个进行公正交易的有效率的市场，以保证股票交易迅速合理、资金和股票转移准确及时。一般投资者不能直接在交易所买卖证券，只能委托交易所经纪人间接进行买卖。

(4) 组织性。买卖股票是在交易所各类机构的严格管理下进行的，市场秩序有条不紊。对交易所内部人员利用内部情报进行投机、操纵价格、垄断欺诈等行为，交易所还制定了严厉的制裁措施。

证券交易所的组织形式主要有会员制和公司制两种，一般说，工业发达国家的证券交易大都采取会员制组织形式，而发展中国家的证券交易所大都采用公司制组织形式。随着现代经济的发展，证券交易所的不断改革和完善，出现了一些新变化和新特点：如交易多样化、电脑化和国际化。

会员制证券交易所是一个由会员自愿出资共同组成的，不以营利为目的的法人团体，由专营证券业务的证券公司组成。公司制证券交易所是一个按照股份制原则设立的、由股东出资组成的组织，是以营利为目的的法人团体。

三、证券交易所遵循的原则

证券交易所为保障证券交易的正常进行，制定了进场交易的规则。采取双方报价拍卖式，进行公开交易。在竞价过程中，必须遵守"四优先"的原则：

(1) 时间优先原则。这就是买方或卖方报同一价格时，谁最先提出这一报价，谁就可以先成交。

(2) 价格优先原则。这就是买方报价最高者或卖方报价最低者优先于其他报价者成交。

(3) 数量优先原则。在众多的委托指令中以相同报价，并在同一时间报出时，买卖数量大的优先于买卖数量小的成交。

(4) 委托优先原则。它规定同时收到报价时，优先执行客户委托指令，代理买卖先于自营买卖。

四、证券交易所的功能

（1）维持市场的连续性，促进资本转换。

（2）股票通过证券交易所具有了流动性，引导资金合理地流动，利于工商企业筹集资金，使社会资金流向效益好、收益高的部门和行业。

（3）形成公平合理的价格。交易所作为中介机构，使交易双方在同一市场内平等竞争，讨价还价，最终达成双方均能接受的均衡价格。这种通过买卖价格竞争完成的交易价格，为保证股票的市场价格公正性提供了客观基础，形成的成交价格也趋于公平合理。

证券交易所的内部设施主要有交易场地和各种服务设施。如交易大厅及交易台、电话间、电子行情显示牌，传输带等设备，以及行情传播系统，证券交换与清算中心。

五、证券交易所的优点

（1）股票流通性好，买卖双方集中，成交机会多。

（2）在证券交易所挂牌交易有利于提高企业的知名度和信誉。

（3）上市股票的发行者及流通、交易本身都受到管理部门的审查，股票质量较高，使可能出现的诈骗、作弊行为受到了严格监控，投资者受骗的风险较小。

（4）证券交易所设施齐全，成交、通信和信息供给及时、完备。

六、证券交易所的缺点

（1）交易所费用较高。

（2）上市股票资格审查严格，许多潜力很大的新公司、小公司被排除在外。

在我国，现在已有上海、深圳两地设立了证券交易所，实行股票集中交易。国务院明确规定，目前证券交易所只在上海、深圳两市开设。

上海证券交易所

改革开放以来，我国证券发行市场迅速发展。截至目前，我国只在上海和深圳两个城市正式成立了经国家有关部门批准的证券交易所。

1984年北京天桥百货股份有限公司向社会公开发行股票，揭开了新中国股票发行市场的序幕。1985年8月5日，中国人民银行沈阳市分行批准，沈阳市信托投资公司对外开办债券买卖业务，形成了全国第一家有价证券交易市场，同年9月26日，上海信托投资公司静安分公司开设了全国第一个证券交易柜台。随后，经中国人民银行批准，上海、深圳开放了股票转让交易市场，拉开了我国股票交易的序幕，这一切为两市的证券交易所正式营业奠定了基础。

1990年11月26日，酝酿已久的中国大陆第一家证券交易所——上海证券交易所正式宣告成立，中国交通银行董事长李祥瑞被推举为理事长。任命尉文渊为交易所总经理。

上海证券交易所拥有十分先进齐备的设施。交易所的面积共2000平方米。600平方米的交易大厅内正面悬挂长5米、宽2.5米的彩色电视显像屏幕，大厅内共安放46个席位，标志该大厅内可容纳46家会员。在每个席位上安装了一台电脑终端设备和两部电话，一部是专线电话，一部是分机。整个交易所共安装电话250部。证交所电脑中心控制室与全上海各家证券机构的电脑终端联网。交易所的交易情况可同时在全市证券交易柜台的电脑屏幕上显示。上海万国、申银证券公司还专门设立固定的场所，供客户通过公司的电脑终端了解行情，以便随时与证券公司取得联系，委托买卖证券。此外，交易所还通过广播和电视等新闻媒体向市民及时公布行情。

上海证券交易所的基本模式是：交易所实行法人会员制，会员包括以自有资金买卖证券的自营商；以债券买卖为主，同时积极发展股票交易；立足上海，面向全国；交易方式为现货交易，暂不开办期货交易。该市还加强了对现有证券市场的管理，制定的有关办法包括对证券机构的管理规定，严禁证券机构内部工作人员参与黑市交易及参与倒卖股票、证券的非法活动，颁布打击证券黑市交易等管理办法，制定了上海证券市场向国际化，规范化和制度化方面发展的长期策略。

深圳证券交易所

深圳是我国较早开始股份制试点的城市之一。1990年12月1日，位于深圳国际信托大厦15楼的深圳证券交易所开始试营业，这是我国与上海证券交易所几乎同时运作的证券交易所。1986年9月，经中国人民银行批准，开放了股票转让的店头交易，即通过多家证券公司或证券部在柜台进行分散进行的交易。

由于柜台交易市场透明度很差，其问题和弊端也日渐明显，如有的证券商的从业者徇私舞弊，利用工作之便内外勾结，牟取暴利；而且，柜台交易设备落后，信息传播困难，难以真正形成统一的市场价格，降低了市场效率；这些问题的出现，都是与没有一个集中管理和组织交易的证券交易所有关。

证券交易所建立以后，客户进行股票买卖都必须委托经纪人在交易所竞价成交，从此深圳股市开始向着规范化道路发展。之后几年深圳股市的发展经历了四个发展阶段，即1987年5月~1990年3月的启动阶段，1990年4月~1990年11月中旬的过热狂涨阶段，1990年11月中旬~1991年9月底的暴跌阶段和1991年10月以后的稳步回升阶段。经历了股价大起大落关，放开股价关、A股发行、B股发行关、集中交易关和交易电脑化关。

深圳证券交易所的主要业务有：提供证券集中交易的场地和设施；管理在本所上市证券的买卖；办理本所上市证券交易的清算交割；提供证券市场的信息服务；主管机关委托的其他业务。

股市的基础知识

新股上市有限价规定。新股上市当天价格在委托时，要遵守一些规则。比如2012年5月23日深交所发布《关于进一步完善首次公开发行股票上市首日盘中临时停牌制度的通知》，其中"股票上市首日出现下列情形之一的，本所可以对其实施盘中临时停牌：(一)盘中成交价较当日开盘价首次上涨或下跌达到或超过10%的，临时停牌时间为1小时；(二)盘中成交价较当日开盘价首次上涨或下跌达到或超过20%的，临时停牌至14:57；(三)盘中换手率达到或超过50%的，临时停牌1小时。"有效地抑制了新股上市首日交易风险，维护了市场秩序，提高了市场约束力，保护了投资者的合法权益。作为新股民，要不断了解新政策、新信息，及时掌握各种规定。

股市的交易时间周一到周五，9点30分到11点30分；13点到15点。法定的公众假期除外，如春节、国庆节，等等。

股票代码用阿拉伯数字表示股票的不同含义。沪市A股股票的代码是以600或601打头，如：运盛实业，股票代码是600767，中国国航是601111。B股股票的代码是以900打头，如：仪电B股，代码是900901。深市A股股票的代码是以000打头，如：顺鑫农业，股票代码是000860。B股股票的代码是以200打头，如：ST中冠B股，代码是200018。中小板股票代码以002打头，如：东华软件代码是002065。

报价单位有所不同。A股申报价格最小变动单位为0.01元人民币。如，你要买进深发展，填单的价格为：10.02元，而不能填10.002元。B股申报价格最小变动单位为0.001美元（沪市），深市申报价格最小变动单位为0.01港元。如，你要卖出轻骑B，填单0.352美元即可。

涨跌停板是为防止证券市场的价格发生暴涨暴跌现象。1996年12月16日起，深沪证券交易所根据需要，规定股票买卖每日市价的最高涨至（或跌至）上日收盘价的10%幅度，即：前日收盘价×（1±涨跌幅比例）。计算结果四舍五入。如果当天股价达到了上限或下限时，不得再有涨跌，术语称为"停板"。当天市价的最高上限称为"涨停板"，最低下限称为"跌停板"。如，深发展昨天的收盘价10元。今天它的股价涨跌浮动范围是11元到9元。如果是ST股，涨跌幅度为5%。如某一只股票昨日收盘价6元，今天它的股价涨跌浮动范围是6.3元到5.7元。所以在报价时，要遵循涨跌停板规则。

新股上市与涨跌停板新股上市当天价格涨幅上限为发行价格×（1+1000%），下限为发行价×（1-50%）。但第二天则要遵循涨跌停板规则。比如，2006年7月5日，中国银行（601988），当天价格涨幅达到230%。但是，第二天，该股则要遵循涨跌停板规则了。

股票买卖原则上应以1手为整数倍进行，所谓的1手就是100股。新股民初次买多少股合适呢？由于新股民不熟悉股票特点，最好买1手（100股）试试，再卖出1手试试，反复几次，找找感觉。然后再进行大手笔买卖。如买 1000 股，5200 股等。不能填买入 150 股，3120 股。但由于配送股中会发生不足"1 手"的情况，如 10 股送 3 股，你原有 100 股，配送后变为 130 股，这时可以卖出 130 股。也就是说，零股不足"1 手"可卖出。

现手就是当时成交的手数。比如，某股票开盘就成交了 5000 股，即成交了 50 手。

2006 年 7 月 1 日，深沪证券交易所实施开放式集合竞价。开放式集合竞价，即在集合竞价期间，即时行情实时揭示集合竞价参考价格。开放式集合竞价时间为 9 点 15 分至 9 点 25 分，即时行情显示内容包括证券代码、证券简称、前收盘价格、虚拟开盘参考价格、虚拟匹配量和虚拟未匹配量；9 点 15 分至 9 点 20 分可以接收申报，也可以撤销申报，9 点 20 分至 9 点 25 分可以接收申报，但不可以撤销申报。

集合竞价（开盘价）是如何产生的？其实比较简单。每天交易开始前，即 9 点 15 分到 9 点 25 分，沪深证交所开始接受股民有效的买卖指令，如：涨跌幅必须按规定填单（当日上市的新股除外），否则主机不接受。但此时电脑不撮合成交。在 9 点 30 分正式开盘的一瞬间，沪深证交所的电脑主机开始撮合成交，以每只股票最大成交量的价格来确定每只股票的开盘价格。下午开盘没有集合竞价。集合竞价不适用范围：新股申购、配股、债券。

连续竞价、集合竞价主要产生了开盘价，接着股市要进行连续买卖阶段，因此有了连续竞价。集合竞价中没有成交的买卖指令继续有效，自动进入连续竞价等待合适的价位成交。而全国各地的股民此时还在连续不断地将各种有效买卖指令输入到沪深证交所电脑主机，沪深证交所电脑主机也在连续不断地将全国各地股民连续不断的各种有效买卖指令进行连续竞价撮合成交。而无效的买卖指令主机不接受。

交易费用主要有两项（其他如过户费等不计），即印花税（国家规定 1‰）和交易佣金（每个营业部规定不同，浮动），均以成交额为计算基数。例如：你以 3 元买入中国联通（600050）1000 股，应该缴纳印花税为 1000（股）×3（元）×1‰=3（元）。同时应该交纳的佣金（假如规定为1‰）为1000（股）×3（元）×1‰=3（元）。

如果在几天后以3.8元卖掉这1000股，则你应该缴纳的印花税为1000（股）×3.8（元）×1‰=3.8（元）。同时交纳的佣金费为：1000（股）×3.8（元）×1‰=3.8（元）。

因此，此笔交易你本人一共交纳了费用共13.6元，净赚了786.40元。

技 术 分 析

一、技术分析概论

在股票市场中，通过对反映市场状况的资料（例如成交价、成交量或成交金额）进行分析，判断整个股市或个别股价未来的变化趋势，以探讨股市里投资行为的可能轨迹，这就是所谓的技术分析。

技术分析是一种完全根据市场行情变化来进行分析的分析方法。技术分析不仅是一种思想体系而且是一种操作体系。一般说来，技术分析是研究某一股票或某种"指数"的实际交易过程。基本数据将股票市场的基本情况高度概括，同时将开盘价、收盘价、最高价、最低价、成交量等五个最基本的数据数学模型化，进一步进行分析，以预测市场价格的变化趋势及确定相应的操作对策。

二、技术分析的特点

技术分析以数学方法为基础，注重数量与形态的变化，研判股市走势。技术分析方法不仅可以使投资者知道如何判断大势，避免逆势操作，而且可以指导操作者按其个性化的投资理念，赚多赔少。技术分析法有如下特点：

(1) 真实客观性。技术分析所提供的各类图形，是历史轨迹的记录，无虚假与臆断之弊端。尤其是现代信息技术的发展为技术分析提供了更大的发展空间。

(2) 趋势追逐特性。技术分析指示操作者如何去追逐趋势，并非是创造趋势或引导趋势。

(3) 量化指标特性。技术分析能提供量化指标，可以指示出行情转折之所在。

三、技术分析的分类

技术分析的分类目前还没有统一的标准。按研究手段，一般划分为指标分析和形态分析。

(1) 指标分析是指以技术指标为对象进行的分析。这些技术指标都是根据原始数据计算而来的。技术指标反映的是市场某一方面的特性，而这一特性又是往往不易被人们察觉到的。

(2) 形态分析早期也叫图形分析，是指以原始数据（价格、成交量和时间）构成的图形为对象来判断市场状况的未来变化的分析。例如K线图组合分析，典型形态分析，等等。

技术分析的研究手段本身也是互相交叉的。无论是指标技术分析，还是形态技术分析，其目的均是来预测市场发展的趋势，同时表明这种趋势是处于哪一个阶段。

第三日

股票买卖策略与方法

> 股票本身并不神秘,但是炒股致富却对许多人充满了神秘感和诱惑力。其所产生的示范效应却是难以估量的。因此,每一个欲掌握股票买卖技巧的投资者,需要掌握一些股票买卖的策略和方法,理性地认识股票,在实践中运用起来定会收到事半功倍的效果。

开设账户与试探性炒股

一、开设账户

如果你下决心决定开始炒股，首先必须到证券营业部开设属于你个人的股票账户，此程序一点也不复杂。具体步骤如下：

1. 优化选择

首先找一家你认为交易方便的营业部，比如离家近或离单位近。如果你还准备炒 B 股，则最好找一家通用交易的营业部。此外，找一家交易佣金低廉的营业部。目前佣金实行浮动，高低不等，大体在 1‰ 到 2.5‰ 之间。不过佣金不同，可能硬件、软件的服务水平也不同。所以你要考虑好两者之间的关系。之后，当你决定在某家营业部开户后，则必须由你本人带上身份证原件和一个活期存折（工行、建行、招行均可，存折中资金多少不限），到营业部去办理具体的开户事宜。

2. 股东注册登记

准备好身份证，你到营业部指定的柜台前向工作人员说明来意，一般只需说几句话："您好，我准备炒股开账户，请问如何办理？"此时，工作人员将递给你几张表格和协议书，有开户申请登记表、委托交易协议书、指定交易协议书、代配新股协议书,等等。这些表格和协议书填起来也不费事,基本上是固定格式。一定要字迹清楚逐项填写。注意名字和身份证号码不要写错。如果实在不清楚如何填写,也不要不好意思,可以主动问工作人员,他会耐心给予答复。填写好这些表格和协议书后,将你的身份证和存折一起递给工作人员。此时工作人员将你的个人资料逐项输入计算机。你将开户费交给工作人员(国家规定开户费:上海 40 元,深圳 50 元。无其他费用。另外,个别的营业部免费开户。)然后工作人员开出收据,并将你签字的协议书(副本)和股东账户卡一同给你。此时,你就可以将存折上的资金转入营业部炒股,正式成为中国的一个股民了。

如果你要炒 B 股,则与开 A 股账户不同的是:A 股是先开户,再转钱;而 B 股是先转钱,再开户。即你必须先到你存有外汇(沪市至少1000 美元,深市至少 7800 港元)并是营业部指定的银行去办理转到证券营业部的资金进账手续。然后持进账凭证和身份证到营业部办理开户手续。

提醒你注意几点:一是在开户的过程中,注意保管好个人的资料,不要理睬陌生人与你搭话。更不能向别人暴露自己的名字、身份证号码和交易密码。有不懂的地方,问工作人员,不要随便问陌生人。离开柜台前,检查自己的东西是否遗留在柜台上。二是如果几个互相认识的人一起去开户,填写个人资料和输入交易密码时,最好也要互相回避,以免节外生枝。三是你开户的所有资料一定要妥善保管。如果一旦丢失"三证"(身份证、股东卡、保证金卡),应该立即通知营业部采取必要的措施,以防不测。之后再根据规定,逐步补办。如果你不想炒股了,准备撤户,券商不应收任何费用。

另外提醒注意:一是千万不要写错名字,要将身份证和股东卡名字核对,一旦有错,立即请登记人员修改;二是沪深两市股东账户一齐登记,不要只开一个账户;三是不宜用别人身份证开户登记,以防今后有纠纷;四是开户登记时不要请人,特别是陌生人代写登记,以防个人资料失密;五是股东卡领到后,保管好,不要让别人看到你的股东卡号码,防止以后黑客侵入你的账户盗买盗卖股票或骗提现金。

3. 资金注册登记

有了股东卡，必须注入资金才可买股票。您可以选择一家离单位近或离家近、条件好、服务周到的证券营业部去办理资金登记。现在许多证券营业部都开展一条龙服务，一次搞定。办理资金注册登记时要带上身份证、股东卡、存款折（工行、建行、招行任一种）到证券营业部填资金开户表。存款折上有多少资金各营业部规定不一，有的营业部对资金多少无限制，有的营业部规定3万元以上。因此必须存入一定数量资金。办理资金注册登记时许多证券营业部都免收手续费。手续办理好以后，营业部给你一张说明书、买卖股票用的磁卡、电话委托的号码或网上交易的说明。

此步需注意：一是核对名字有误否，不能请别人代办，保管好所有资料，千万别让旁人看到或盗走；二是开户设定的密码要记住；三是将所有开户资料复印一二套保存在安全的地方，以防万一原始资料丢失或不测时，启动备用资料。复印资料时要注意保密，防止他人窃取；四是外出需带股东资料时，可用复印资料，原件妥善保管，不轻易带出；五是交易用的磁卡要随身携带并保管好。一旦发生丢失（包括其他资料）应立即报失，到营业部锁定你的账户并时刻监视账户有无异动情况。

二、试探性炒股

1. 掌握基本操作知识

完成以上步骤后，不要急于买股，而是要学习一些简单的操作知识，比如什么是股票、代码、集合竞价、连续竞价、开盘闭市时间、涨停跌停板制度、K线形态，等等。

此步需注意：一是由浅入深，开始不宜学习太多的知识，否则一头雾水，不得要领；二是多向周围的老股民学习，勤问勤学，不耻下问；

三是千万别一开户就手发痒或经不住旁人劝说，迅速买进股票，而应冷静、沉着几天，稳定情绪；四是可买入必要的炒股软件和书刊，但不宜添进多种设备，比如马上买一些荐股软件、配置高性能电脑、花高价上学习班和买多种报纸、上网游览多种股评，等等。在刚入市又没有赚钱的情况下，这些投资会给你带来很大的经济负担。待以后挣到钱后可再逐渐增加些必要设备。

2. 试探性买卖股票

经过几天的基本操作知识学习后，就可以下股海试水了。首先面临的就是买什么股的问题。现在面临的这么多只股票，的确令人眼花缭乱，难以下手。需要掌握以下原则：首先，买一些稳定绩优股；其次买5元左右的股票。另外，买自己熟悉行业的股票，比如你是学电脑的，那么对该行业了解清楚，买得踏实，你了解家电行业，就可以决定是否介入此类股。最后，做短线买热门股。如果刚入市就赶上某某概念炒热，可适当跟进。

另外就是买多少股问题。一个初入市的新股民，不宜全仓操作。先买100股，再卖100股小试身手，熟悉操作程序，掌握操作技能，体会盈亏心态，检讨得失经验，然后再进行半仓操作。

买进股票后面临的就是卖出的问题了。一是买进热门股后的两三天就小赚一笔，可以考虑卖出，初尝赚钱的喜悦。二是买进后没涨，请耐心等待。三是刚买后就被套住，也别着急，特别是跌一二角钱不算是深套，耐心持有可能会有回报。同时这也考验自己套牢的意志。四是卖股后又上涨别后悔。特别值得一提的是要设止损位。如不及时止损，股价一跌再跌，谁也不知道底部在哪里，会造成经济损失和精神困扰。

如何进行具体操作，一般讲，目前证券营业部交易方法有现场磁卡委托、电话委托、网上委托。在决定买股票时，要记住股票代码，如深发展代码是000001，记住股东代码和交易密码。以磁卡委托为例，磁卡机上用股东磁卡刷一下，屏幕上会相应提示，输入股东代码（有的默认）、交易密码、查询或买入、买入股票代码、价格、数量、是否确认、

新手炒股入门十日读

买股的合同号，等等。你可采用"人机对话"方式，按屏幕提示依次完成操作（卖股也如此）。如果采用电话委托或网上委托，则根据提示依次操作即可。虽然每个营业部安装了不同的交易软件，但也大同小异，方便易学。需要注意的是，当日买的股票只能在第二天卖出，即"T+1"；而当日卖出股票成交后，资金返回，可以当日再买进股票。当天买卖股票后，第二天可到柜台打印一份清单（交割单），核对买卖的情况，如有疑问，需立即查询。

操作时需注意：一是操作交易一定要保密进行，不要泄露交易密码，不要找人代替。实在发生困难，请营业部专业人士协助解决，这样比较安全。二是交易完成后，一定要记住合同号，以备万一。三是在磁卡机交易完成后，一定要退出系统，并取走磁卡及你所放在磁卡机台边上的自己物品，防止丢失。四是尽量不要和陌生人交谈买卖情况。五是买卖股票后，初战告捷，不能得意忘形；初战不利时，也不能垂头丧气。六是入市初期买卖量少，主要是找感觉、积累经验。七是不宜相信股评，自己多作分析。八是不要与人合作炒股，更不能借钱炒股。同时不要给别人出主意，否则"好心办坏事"，伤了朋友间多年的感情不值当。尤其是千万不能借钱炒股！

至此你就完成了入门程序。至于如何提高炒股技术，培育炒股修养，磨炼炒股意志，获得更大的回报，那就"修行在个人"了。

这里有一句话要提醒你：不要学习那些什么短期股价就翻几倍的"高手"，那不现实，一定要见好就收。

买 卖 策 略

一、市价委托策略

市价委托是最普遍最容易执行的一种委托指令，是投资者只要求经纪商按交易市场当时的价格买进或卖出证券的委托方式。

采用市价委托策略买卖证券有两个好处：一是成交的迅速性，因为这种委托没有规定买卖的具体价格，有时在委托单交给经纪商几分钟后，即可成交。二是成交的把握性大，只要没有意外情况发生，该种委托一般都能得到执行。市价委托策略一般在客户急于买进或急于卖出股票时采用，通常更受那些急于在跌势中出售股票的客户所欢迎。因为在市场股价处于下跌时，往往股价下跌的速度比股价上涨时的速度来得更快，因此，采用市价委托策略则可更有效地减少损失。市价委托策略的缺陷是，当市场价格波动较大，且所报的卖价较高或买价较低时，容易出现高价买进或低价卖出的情况。因此，投资者在选用此种委托策略时，需权衡利弊而后用，以避免造成不必要的损失。

二、限价委托策略

限价委托是指投资者在提出委托买卖订单时，限定其买卖价格的委托方式。经纪商在接到客户这种委托后，只能按客户提出的限价或低于限价买进证券，按限价或高于限价卖出证券。如果市场上的证券价格符合客户的限价要求，经纪商就可立即成交。如果其价格不符合要求，经纪商则要耐心等待。

例如，某投资者要求以每股不超过 20 元的价格购进某种股票，当股票价格为 21 元时，经纪商就不能执行其指令，只有当股价降到 20 元以下时，投资者的限价指令才能被执行。投资者发出的限价指令通常都有时间限制，超过其限定时间，指令将自动作废。

采用限价委托策略的优点是，投资者可以低于市价的价格买进证券或以高于市价的价格卖出证券，从而获得较大利润。

限价委托的缺陷是，当限价与市价出现偏离时，容易出现无法成交的结果。即使限价和市价持平，但若同时有市价委托出现，则市价委托就会优先成立，从而容易降低成交概率。

采用限价委托策略，最要紧的是合理确定好限定价格。例如，在买入证券时，如果限价过高，就起不到限价的作用，如果限价过低，则难以成交而坐失购入良机。一般来讲，委托的价格是以现行市价为基础并根据市场短期走势来灵活加以固定。目前，我国的上海证券交易所和深圳证券交易所都采取了限价委托方式。

三、停止损失委托策略

停止损失委托策略，又称阻止性指令策略或停止委托策略。它是指投资者委托经纪人在某种股票涨跌至其给定的上下限价格水平时，将其买卖自动转为市价委托的策略。

停止损失委托可分为停止损失买进委托与停止损失卖出委托两种。

停止损失买进委托是指投资者委托经纪人，在股价上涨至某一水平或以上时，就买进股票。这种委托规定的买价必然高于当前的市价。例如，某投资者预测股价将会大幅下跌，他以每股 30 元的价格卖出了某种股票 100 股，并期望在今后能以较低的价格予以补回。如果该种股票在不久后下跌到每股 20 元，则每股可盈利 10 元。这时如果投资者既期望股价继续下跌，以获得更多的利润，又担心股价会反转向上，使他无法在较低的价位上，予以补进时，可向经纪人下达停止损失委托，要求经纪人在该种股票价格上涨到一定程度时，就立即予以买进。如果这一指定价格为22元，那么，即令价格出现上涨，在一般情况下，他仍可获得每股8元的差价收益，如果股价不是上涨，而是继续下跌，他就可在更低的价位上予以补进，从而获得更多的收益。

与停止损失买进委托相对应的是停止损失卖出委托。停止损失卖出委托指的是投资者委托经纪人，在某种股票的价格下跌到某一水平或以下时，就为其卖掉股票。这种委托规定的卖价必然低于当前的市价。例如，某投资者以每股40元的价格买进某种股票1000股，不久股价涨至每股50元，投资者为保障其大部分既得利益，委托经纪人在股价跌至48元时予以卖出。如果股价跌至每股48元以下，投资者仍可每股获利8元，若股价不是下跌，而是继续上升，则投资者获利也将继续上升，并不受停止损失卖出委托的影响。

由此可见，停止损失委托的最大优点在于，能保障投资者的既得利益和有效地防止可能出现的损失。但停止损失委托也有缺陷，这主要表现在两个方面：第一，如果投资者的指令价格与市场已成交价格过于接近，则市场稍有变化，停止损失委托即可生效；但生效以后，若市价又恢复到原来状态时，则加大了投资者重新进入市场的成本。第二，停止损失委托的指令价格可能与市场的最后成交价格有相当距离。例如，当市价暴跌时，经纪人很可能无能力为其客户按指定价格成交，这样，实际的成交价格就会大大低于其指定价格。

停止损失委托是一种比较保守的委托策略，它比较适合于那些为避免风险而不计较利润多寡的投资者。

投 资 方 法

一、投资三分法

投资三分法是投资者将金融资产分配在不同形态上的一种方法,也是进行证券投资的一种策略。这种方法在西方国家较为流行。证券投资三分法兼顾了证券投资的安全性、收益性和流动性的三原则,是一种可具参考性的投资组合与投资策略。

投资三分法的具体操作是:将全部资产的三分之一存入银行以备不时之需,另三分之一用来购买债券、股票等有价证券作长期投资,最后的三分之一用来购置房产、土地等不动产。

在上述资产分布中,存入银行的资产具有较高的安全性和变现力,但缺乏收益性;投入有价证券的金融资产虽然有较好的收益性,但却具有较高的风险;投资于房地产的资产一般也会增值并可用作投资亏本时保本翻本之用,但又缺乏变现力;如将全部资产合理地分布在上述三种形态上,则可以相互补充,相得益彰。

二、固定金额投资计划法

固定金额投资计划法,又称定额法和常数投资计划法,是证券投资的方法之一。

固定金额投资计划法是投资者把一定的资金分别投向股票和债券，其中将投资于股票的金额固定在一个水平上，当股价上升使所购买的股票价格总额超过固定金额的一定比例时，就出售其增值部分，用于增加债券投资；反之，当股价下跌使所购买的股票价格总额低于其固定金额时，就动用现金或出售部分债券来增加股票的购买，使投资于股票的价格总额始终保持在一个固定的水平。

固定金额投资计划法的优点是容易操作，不必过多顾及投资的时机问题，对于初涉股市的新手来说，不失为可供选择的投资策略。而且，这种投资方法在一般情况下能够确保盈利。

但是，固定金额投资计划法在两种情况下不适宜采用：一是涨势不衰的多头市场，二是跌风难遏的空头市场。

三、固定比率投资法

固定比率投资法，又称定率法和不变比例计划法，是应对股票投资风险的一种投资组合策略。

固定比率投资法的操作是将投资资金分为两个部分：一部分是保护性的，主要由价格波动不大，收益较为稳定的债券构成；另一部分是风险性的，主要由价格波动频繁，收益幅度相差较大的普通股票构成。这部分的比例一经确定，便不轻易变化，并且还要根据股市价格的波动来不断维持这一比例。

固定比率投资法基本上是固定金额投资法的变形。它与固定金额投资法的区别是：固定金额投资法是要维持固定的金额，并不注意股票总额和债券总额在总投资中的比率，而固定比率投资法则只考虑在一定的总投资额中维持债券金额与股票金额的固定比率。至于两者的比率确定则取决于投资者对前景的预期和个性偏好。

固定比率投资法具有操作简单，易于掌握的特点。采用固定比率投资法，即使股票损失惨重，但因债券的收益相对稳定，因此不至于把血本赔光。但由于固定比率一经确定就不宜轻易改变，因此，它是一种比

新手炒股入门十日读

较保守的投资策略，容易丧失一些较好的投资机遇。

四、等级投资计划法

等级投资计划法，又称尺度法，是进行股票投资的方法之一。其具体操作是：在确定以某种股票作为买卖对象之后，继而确定所选股票市场变动的某一等级作为买卖时机，当以后股价每下降一个等级时，就买进预先确定的一个单位的股数，当股价上升一个等级时，就出售一个单位的股数。

需要指出的是，等级投资计划法不宜在股价持续上涨或股价持续下跌的行情中运用。如果股价在较长时期内是持续上涨的，那么这种分段抛售的方法，就可能使投资者失去本来可以获取的更大收益；反之，如果股价在较长时期内持续下跌，投资者要是按照事先确定的分级标准不断地购买，就有可能在高价被"套牢"，而失去股票出手的机会。

五、变动比率投资法

变动比率投资法，又称变率法和可变比例计划法。它是以固定比率投资法为基础，允许证券组合中的股票和债券的比例随证券价格的波动而适时变更的投资方法。

变动比率投资法并不要求股票和债券的比例始终维持在预先确定的固定比率上。变动比率投资法的基础是确定一条股票的预期价格趋势线，当价格在趋势线以上时，就卖出股票，当价格在趋势线以下时，就买入股票，并在买卖股票时相应地买卖债券。当趋势线确定后，还要以决策线为边线，决策线反映股票的买卖。

采用变动比率法克服了固定比率法中不论在任何情况下都一律按固定比例保留股票和债券的呆板做法，显得较为灵活和合理。但这种方法比较麻烦，既要根据各种情况确定正确的趋势线，又需要对价格的变化进行持续的监视，以便随时调整投资的比例。

六、趋势投资计划调整法

趋势投资计划调整法是进行长期证券投资的策略之一。相应的操作方法是，投资者顺应股价走势买进股票后，应保持其在市场上的占有地位，只有在股价走势反转向下的信号产生时，才能卖出股票以作观望，待股市出现好的转机趋势时，再行入市购进。因此，趋势投资计划调整法的基本前提是，认定一种趋势一经形成，便会持续一个相当长的时期。

趋势投资计划法关心的是市场主要趋势或长期趋势，其优点在于，不会被证券市场的短期波动所左右。但也存在两点明显缺陷：一是投资者若错误地估计了证券市场的走势，则运用趋势投资计划法相应进行的买卖调整，将会给投资者带来灾难性的损失；二是即使投资者正确地估计了证券市场的走势，但证券市场的短期波动也能使投资者减少收益，不利于实现收益最大化的原则。因此，投资者要使用某些公式投资计划法来进行必要的配合与调整。

七、哈奇计划法

哈奇计划法，又称10%转换法。它是以发明人哈奇的名字命名的股票投资方法。

哈奇计划法的具体操作是：投资者将购进的股票在每周末计算平均市值，并在月底再计算出月平均市值。这种方法，也就是当市场趋势发生了10%的反向变动时，便改变投资地位。

哈奇计划法的优点是判断简单，且注意了股价的长期运动趋势，可供投资者进行长线投资选用。在采用此种方法中，投资者还可根据股类的不同，改变转换的幅度，使这种具有机械性的投资方法增加其灵活性。

八、赚10%计划法

赚10%计划法是股票的短期投资策略之一。这种投资方法比较简单，具体操作是：投资者设定一个10%的涨幅为获利目标，只要所购股票的涨幅超过10%，就立即予以卖出而不去考虑其他相关情况的变化。因此，短期投资者只要选择好所持股票，有效地把握10%的上限，在恰当的时候购进，便很容易在短期内获取利润。

使用这种方法的缺陷主要是，如果投资者在售出股票后，其股价继续上扬，则有可能失去获取更多收益的机会；如果股价上涨长期达不到设定的10%的幅度，则往往会使投资者的资金长期被绑在股票上而不能灵活运用。此外，这种方法还必须考虑税收和佣金因素。如果这些成本高于或接近股票投资所获的收益，则这种投资就是不可取的。

九、均价成本投资法

均价成本投资法，又称金额平均法、平均资金投资计划法和固定投入法。它是在一定时期内，固定一定量的资金分期平均购买某种股票的投资方法。

均价成本投资法的具体操作是：选定某种具有长期投资价值，且价格波动较大的股票，在一定的投资期间内，不论股价是上涨还是下跌，都坚持定期以相同的资金购入该种股票。

采用这种方法应注意三点：一要选择公司经营稳定、利润稳步上升的优良股票。二要有一个较长的投资期间。如果期限较短，则效果将不很明显。三要价格波动幅度较大，且股价呈上升趋势的股票，如股价一直处于跌势，则会发生投资亏损。均价成本投资法适用于那些有定期、定额来源的投资者。

十、分段买高法

分段买高法,又称买平均高法,是投资者为了减少风险而分段逐步买进某种上涨股票的投资方法。

由于一次投入存在较大的风险,所以不少投资者往往在股价上涨的过程,将资金分次分段逐步投入市场。这样一旦行情出现反转下跌,投资者可立即停止投入,以减少损失。

分段买高法的优点是能有效地降低风险和减少投资损失,但同时也存在着减少投资收益的缺陷。如果市场行情是一直看涨,采取一次投入的方法就会比分段买高法获取更多的收益。分段买高法比较适合进行中、长线的股票投资。

十一、分批买卖法

分批买卖法指的是当股价下跌到一定程度后,投资者开始进入股市分批购进;而当股价上扬到一定高度后,则开始将持有股票予以分批售出。

分批买卖法进行的是多次买进和多次卖出,克服了只选择一个时点进行买进和沽出的缺陷。当股价涨至某一高点时,投资者也不会因贪心而舍不得卖出,因为即使股价继续上涨,投资者仍能通过不断卖出而获利,故而不会错失良机。分批买卖的时机,投资者最好根据一些技术分析的手段来予以确定。

十二、交叉买卖法

交叉买卖法,又称股票巨额交易法,是证券公司在交易所市场同时办理同一种股票的买入和卖出业务的交易方法。

交叉买卖是适应股市上的巨额交易而产生的。如果证券公司买进或卖出大宗股票时,采用交叉买卖法,事先找好适当的卖主(或买主),然后将买卖双方同时推上市场，这样就既能完成巨额交易，又不会引起股价的大幅波动。

在现代股市中，个人持股的比例在逐渐降低，机构持股的比例在不断增大，机构投资者所持股票大都是通过交叉买卖来完成的。因此，交叉买卖的频率是了解机构投资者动向的一个晴雨表。

十三、试盘买卖法

试盘买卖法是投资者投入极少量的资金进行买卖委托，以测验行情的走势趋向，再以此作为依据进行主力买卖的证券投资方法。

试盘买卖法的好处是能减少买卖的盲目性，提高进出股市的成功率，值得一般投资者，尤其是股市大户参考选用。

试盘买卖法的操作方法是：在进行证券买卖之初，先以挂牌方式（作买进时，先以委托价格挂进一张；作卖出时，先以委托价格挂出一张）少量进出，并以 10 分钟为限度，试验该档价格的股票是否容易买卖，如果上述挂牌的买卖委托很快成交，则表示该档股价应作观望。相反，如果上述挂牌价成交艰难，则代表判断可能正确，再以市价委托进行买卖。

十四、联想涨跌法

联想涨跌法是指同类股票在股市上出现齐涨齐跌的现象时，运用联想的思维方式对同类股票进行顺势购买的投资方法。由于这种投资行为是对同类股票的陪衬涨跌的联想所致，故称联想涨跌法。

具体操作如下：

（1）当出现新股上市且大势看好时，如果某种新股股价上涨，那么其他新股也可能将随之上涨。此时，应及时购进那些股价尚未上涨的其他新股。

（2）在相同行业的股票中，如甲种股的股价上涨，乙种股也将随后上涨，因此，当甲种股呈强势上涨态势时，应跟进同类的尚未上涨的乙种股票，以在其随后的上涨中获利。

(3) 在同值股票中，当票面以下股票纷纷涨至面值以上时，应注意即时购进那些市价尚处在面值以下的股票，因为在此种情况下，这类股票突破面值已为时不远了。

联想涨跌法不能机械运用，在具体运用此种方法时，应结合公司的经营业绩等其他因素来作出相应调整与决策。

十五、排列组合法

排列组合法是投资者运用科学的方法将股票内容与价位进行全方位的排列组合，并据此进行股票买卖的方法。

股票内容与价位的排列组合，一般有四种情形：

(1) 内容佳，价位高；

(2) 内容佳，价位低；

(3) 内容差，价位高；

(4) 内容差，价位低。

这里所讲的股票内容，除了公司的纯益或股利之外，还包括公司的营运能力、获利能力以及未来展望等。这里所说的市价是指目前的市价。有了这四种排列组合的架构以后，即可将所有上市的股票予以归类。其买卖策略是：适时卖出第三类内容差、价位高的股票，并购进第二类内容佳、价位低的股票。

股票的这种投资组合策略，一般为股市老手所为，初入股市者也不妨一试。

十六、积极果敢投资法

积极果敢投资法又称金钱战术投资法，是投资者针对热门股或传闻中的危机股进行短期集中投资的方法。由于采取这种方法风险很大，需要投资者具有相应的胆略和勇气以及承受能力,因此称之为积极果敢投资法。

采取积极果敢投资法把握的要点如下:

(1) 改变传统的分散投资的方式,将全部资金进行集中投入。

(2) 不考虑从事优良股的长期投资方式,只选择热门的成长股和危机股进行短期投入。

(3) 不过分重视一般市场的景气指标或企业所作的市场调查资料,而把侧重点放在能反映目前股价波动情形的股价走势图上。

(4) 作出决策时,应当机立断,以免错失良机。

这种方法的最大缺陷是,由于投资者将大量资金进行了集中性投入,一旦行情逆转时仍未脱离股市,就有可能造成巨额损失,因此,投资者应具有投资受挫的心理准备。

十七、静待时机投资法

静待时机投资法,又称等待投资策略,是投资者买进冷门低价股长期予以保存,等待其大幅上扬后再予以卖出的投资方法。在一定时机,购进低价冷门股,待其股价上扬时予以抛出,往往则可大获其利。

采用静待时机投资法需要注意以下三点:

(1) 不要倾全部财力购买低价冷门股,以免其股票一蹶不振时遭受太大损失。因此,在购买低价冷门股时,还应适量购买一些热门成长股和其他类股。这样,即使低价冷门股没有走出低谷,也可依赖其他股票的上涨获取一定的收益。

(2) 要经常把握所选股票的公司的经营业绩及债务状况。如果公司连续几年负债过多,则要考虑适时卖出,以免公司破产或股票被禁止上市而使所购股票变得一文不值。

(3) 要有耐心等待的精神。如果所持低价冷门股一直不涨时不要性急,也不要马上脱手,只要耐心等待一段时间,股价总会有一天上升到一定的水平。

十八、短期获利法

短期获利法是短期证券投资的策略之一。它指的是当某种股票一旦出现上扬的行情时，予以大量买进，待在短期内股价上涨到一个可观的高度又予以全部卖出的投资策略。只要预测准确，当股价出现高价攀升时买进，待其继续上扬之后全部卖出，就可获取一段可观的收益行情。

采取短期获利法需要注意两点：一是要加强股市行情的分析和预测；二是要选好买卖股票的时点。短期获利法较适合那些积极进取的股票投资者选用。

十九、被动投资法

被动投资法是投资者购买股市指数成分股的全部股种，使投资于某种股票的金额与该种股票的市值占股票市场总市值的比率成正比的投资方法。

被动投资法的操作基本点如下：

（1）将投资于股市的资金全部分散投资在股市指数成分股的各种股票上。

（2）投资于各种股票的资金比率与该种股票的市价总额在整个股市的总市值的比率大体相当。

运用被动投资法购买股票的优点是：投资者不必花大量的时间和精力去研究各上市公司的经营情况，而只需关注影响大市走势的各种因素即可。此外，由于股价指数的变化情况完全反映了投资者的收益情况，而股价指数代表了股市上各种股票变化的平均数，因此，采用此种方法进行投资还可有效地降低投资风险。被动投资法特别适合于利用业余时间买卖股票的投资者，以及那些对股票知识缺乏深入了解的人群。

二十、分段获利法

分段获利法是指投资者在所购股票出现新的高价行情时，将所持股票的一部分卖掉以赚取股价差额，并将余下的股票保存下来，以待日后在股价出现新高点时再卖出的证券投资方法。

分段获利法的优点是，既有机会赚取利润，又不至于冒过大风险。分段获利法与前述的短期获利法相比，在其股价继续出现涨升时，会获取更大的价差；但若股价跌落，则其所赚收益就会明显减少。分段获利法较适合保守稳健的股票投资者采用。

二十一、王子饭店损失法

国外有一家"王子饭店"，采用连锁方式进行经营。王子饭店损失法是卖出股票的方法之一，这种方法是由"王子饭店"的入账方式转化而来的。在股票市场上，人们借用这种处理方式，将在卖出已有收益的股票时，把持有的正在受损的劣质股票一并卖出的方式称作"王子饭店损失法"。当某一地区分店的经营收益出现赤字，而另一地区分店尚有盈余时，就将两家分店的收支合并作成盈余而登记入账。此后，人们将这种入账方式称为"王子饭店"式。

采用这种方法的优点是：人们在卖出必须脱手的劣质品牌时，由于同时也售出了已有收益的股票，从而，避免了投资者因可能出现的账面亏损产生不必要的心理负担，使证券投资者顺利抽回占用在不良品牌股票上的资金，使其投向有利可图的优质证券，以获取更大的投资收益。

二十二、相对有利法

相对有利法是出售股票的方法之一。它是指投资者在买进股票时，制定出一个预期的获利目标，当股价到达这一目标的，就立即予以出手的投资方法。

相对有利法是一种比较稳健的短线投资方法，可以有效防止因股价下跌而给投资者带来的损失。但它也有两个明显的缺陷：一是当股票脱手后，如果其股价继续上扬，那么投资者就会失去获取更多收益的机会；二是当买进股票后，如果其股价变化较平稳，那么就会较长时间达不到预期的获利目标，而使投资者的资金长期搁置在不能获取收益的股票上。

此外，采取相对有利法的投资策略时，除了事先确定好预期的获利目标外，还可确定相应的预期损失目标。只要股价变化一旦达到预期损失目标时，投资者也应将股票脱手变现，以防止损失的进一步扩大。

二十三、一揽子股票投资法

一揽子股票投资法是投资者对股票行情在短期内的涨跌波动把握不定时，同时购进多种股票，当哪种股票价格上涨到能够获利时，就出售哪种股票的证券投资方法。

一揽子股票投资法的目的是期望有的股票在价格下跌而遭受损失时，能被别的股票价格上扬而得到的收益所抵消，从而达到相互补偿，使投资者能比较稳定地得到一定的收益。因此，一揽子股票投资法被认为是一种用分散投资来降低风险的投资策略。

采用一揽子股票投资法需要特别注意两点：第一，要选择不相关或者负相关的股票。第二，要注意选购较多的优质股票。因为较多的优质股能够给购买者带来较大的投资回报。

只有合理地选择好股票的种类，才能有效地使一揽子股票发挥更大的投资效果。

二十四、滤嘴投资法

滤嘴投资法，又称滤嘴法则，是股票投资者在股市处于涨势末期或跌势末期时，以固定的比率，牺牲或放弃一小部分收益，以确保预期收益的投资方法。

实践证明，在长期的涨势或跌势中，采用滤嘴投资法是一种比较稳妥的投资策略。但若股市涨势或跌势很短，或涨跌幅度过小时，采用滤嘴投资法，就会造成买卖过于频繁，证券交易的税费比重过大而使滤嘴投资法失效。

二十五、渔翁撒网法

渔翁撒网法是股票投资的组合方法之一。它指的是股票投资要像渔翁撒网一样，在同一时期将资金投向多种股票，以便在股票价格的涨落中获取盈利和降低风险。采用渔翁撒网法的好处是，既能获取股票投资的收益，又可分散投资以降低风险。

二十六、金字塔形买卖法

金字塔形买卖法是股票投资的一种操作方法，是分批买卖法的变种。此法是针对股价价位的高低，以简单的三角形（金字塔形）作为买卖的准则，来适当调整和决定股票买卖数量的一种方法。

金字塔形买卖法分为正金字塔形买入法和倒金字塔形卖出法两种。

金字塔形买入法认为，正金字塔形（正三角形）的下方基底较宽广且愈往上愈小，宽广的部分显示股价价位低时，买进的数量较大，当股票价位逐渐上升时，买进的数量应逐渐减少，从而降低投资风险。

倒金字塔与正金字塔相反。倒金字塔是下方较尖小，而愈往上则愈宽广。倒金字塔形卖出法要求，当股票价位不断升高时，卖出的数量应效仿倒三角形的形状而逐渐扩大，以赚取更多的差价收益。

二十七、保本投资法

保本投资法是股票投资中避免血本耗尽的一种技术操作方法。采用此法最重要的不在于买进的时机选择，而在于作出卖出的决策，因此，获利卖出点和停止损失点的制定是采用保本投资法的关键。

保本投资法适合于经济景气欠明朗，股价走势与实质因素显著脱节以及股市行情变化难以捉摸时采用。

二十八、三成目标投资法

三成目标投资法，又称三成保本法，是股票投资者以赚取三成利润为目标的一种证券投资方法。

采取三成目标投资法应注意两点：一是不能"贪心不足"，二是要在抛出持有的股票后，应选择购进具有良好发展前景的股票。

选择股票大致有以下三条标准：

(1) 热心开发新技术或新产品的公司；
(2) 有能力直接操纵市场价格动向的公司；
(3) 知名度高的公司。

只要投资者选好了具有成长性的公司股票，三成目标投资法就不失为是一种赚取买卖差价的较好方法。

二十九、顺势投资法

顺势投资法是证券投资者顺着股价的趋势进行股票买卖的操作方法。使用顺势投资法必须注意的是，这种股价涨跌的趋势是一种中长期趋势，而不属昙花一现的短期趋势。对于小额投资者来说，只有在股价走向的中长期趋势中，才能顺势买卖而获利。在股价走向的短期趋势中，此种方法应谨慎用之。顺势投资法较适合于小额投资者。

三十、以静制动法

以静制动法是股票投资的操作方法之一。这种投资方法不主张在股市处于换手和轮做阶段时追涨买进。其操作过程是：在股市处于换手和轮做阶段，行情走势出现东升西跳、此起彼落时，投资者不为某些强势上涨的股票所吸引，而是选择涨幅较小、或者尚未调整到位的股票买进持有，并静心等待在有大户介入而使股价大幅涨升时，迅速脱手变现。

采取以静制动的投资策略，要求投资者在股市的换手阶段时，善于发现那些股价平静且有发展潜力的股票，并具有良好的心理素质。

三十一、利乘法

利乘法是股票买卖的操作方法之一。其操作过程是：在股价的上升过程中，分批购进某种股票，随着股价的上涨，所持股票经不断地加码也愈来愈多。但一旦大势反转向下而跌至某一点时（通常回跌3%左右），就迅速将所持股票一并卖出。

由于利乘法是采用了"买涨不买跌"的追价策略，采用利乘法的投资策略，应在投资过程中把握行情的基本走向，尤其是对股价高峰的到来应有基本的预测。

三十二、加码买进摊平法

加码买进摊平法是在股票投资中避免亏损的一种操作策略。投资者所购股票被高档套牢后随着跌势在下档加码买进的证券投资方法。其目的是在加码买进同种股票后，降低单位平均购股成本，使投资者在股价反弹中获利。采用加码买进摊平法的先决条件是，整个经济发展前景展望乐观，所投资股票的实质条件没有发生变化。

加码买进摊平法主要有两种方式：

第一种方式是平均加码摊平法。第二种方式是倍数加码摊平法。运用此种方法进行操作时，至关重要的是确定好加码摊平的价格。这是因为，较低的摊平价位，一方面可使投资成本下降，另一方面则可减轻加码部分的投资风险。

此外，采用加码买进摊平法，还需要特别注意分析大市走向，因为摊平法采用的是越低越买，但如遇到空头市场跌幅过深，则资金有可能长期套牢，这将会给投资者带来沉重的心理负荷，因此，投资者必须密切注意股市动向。

三十三、黄金分割法

黄金分割法是一种分散风险的证券投资方法。其操作过程和要求是投资者将资金分成两部分，一部分投资于风险性证券——股票，另一部分投资于安全性证券——债券，投资于股票与债券的比例大体保持在4:6的水平。故有人将这种投资资金的分布方法称之为黄金分割法。

采用黄金分割法的优点是，由于以一半以上的资金投向了安全性较高的债券，能使投资者有一种心理稳定感，即使在别的投资方面暂时失利，也不至于损失太大。由于这种投资方法较为保险，故容易失去一些最大限度地获取利润的机会。这种资金分布的投资方法较适合那些保守型的投资者选用。

三十四、股票箱买卖法

股票箱买卖法是一种用技术手段和经验判断来决定买卖股票的方法。人们将股价运动就像在箱子中弹动的皮球而呈上下跳动的这种状况称作股票箱或股票箱理论。投资者根据这种理论进行相应的股票买卖，就称之为股票箱买卖法。

股票箱买卖法的具体操作是：投资者将股价每波动的高点连成直线，将这条线称之为压力线，将股价每次波动的低点连成直线，称这条线为支撑线。压力线相当于股票箱的箱子盖,支撑线也就相当于股票箱的箱子底。当股价上升到压力线时,投资者就卖出股票,而当股价下跌到支撑线时,投资者就进行相应的补进。

股票箱买卖法是根据过去的经验和判断所进行的投资操作。在特定的情况下,股价也会突破压力线或支撑线,即股价上升或下跌到另一个股票箱中,在这种情况下,投资者就要寻找新的股票箱,在新的股票箱尚未被确认之前,投资者最好不要轻易操作,以免被套牢而受损。

三十五、进三退一制胜法

进三退一制胜法是买卖股票的一种定点了结法。定点了结是指投资者在买进股票时,设立一个获利标准点和停止损失点。当股价上涨到获利标准点时,就应立即卖出,以落袋为安。而当股价下跌到停止损失点时,则应毫不犹豫地予以卖出,以减少因可能的下跌而招致更大的损失。

进三退一制胜法的具体操作是:投资者在买进股票后,只要其股价上涨三成就获利了结,只要下跌一成便认亏卖出。

进三退一制胜法的优点是操作简便,使投资者在获利后能及时了结,保住已获取的利润;也能在行情反转向下时,使投资者避免陷入跌幅很深的空头市场而大伤元气。但此种方法的缺陷是,如果在获利了结后,行情继续上涨,从而使投资者减少收益;如果在停止损失点卖出后,而行情反转向上,则可能使投资者在最低价卖出而遭受一定损失。进三退一制胜法较适合短线投资者进行操作。

三十六、最大风险法

最大风险法,又称大中取大法,是一种甘冒最大风险以获取最大收益的股票投资方法。

最大风险法是从若干种自然状态的各方案的最大收益中,选取最大收益中的最大值所对应的方案为最优方案,然后加以采纳和实施。

最大风险法适合那些具有一定的经济基础且属于进取型的投资者选用。

三十七、最小风险法

最小风险法,又称小中取大法,是一种把风险降低到最低程度来获取最大收益的股票投资方法。最小风险法是一种较为稳妥的股票投资决策方法,较适合保守型的股票投资者采用。

第四日

股票分析方法

股票学问无止境,它的实践性极强。买卖股票不能盲目和冲动,要理性客观地分析诸多因素才能采取行动。在投资股市之前,新股民一定要做好各种股票的分析工作,为自己能在股市中开拓一片广阔的天地作好充足的准备。

影响股票价格变化的因素

对于投资者来说,是否投资股票,取决于投资者对股票预期股利收益与当前市场利率的比较。因此股票交易价格的形成主要取决于两个因素:一是预期股利收益,一个是市场利率。

影响股票价格变动方面的因素有以下几种。

一、宏观经济因素

宏观经济因素对各种股票价格具有普遍的、不可忽视的影响,它直接或间接地影响股票的供求关系,进而影响股票的价格变化。这些宏观经济因素主要包括:经济增长、经济周期、利率、投资、货币供应量、财政收支、物价、国际收支及汇率,等等。

1. 经济增长

经济增长主要是指一国在一定时期内国民生产总值的增长率。一般来讲,股票价格是与经济增长同方向运动的,经济增长加速,社会需求将日益旺盛,从而会推动股票价格的上涨。

2. 经济周期或经济景气循环

经济周期或经济景气循环,是指经济从萧条、回升到高涨的过程。

当预期经济不久将走出低谷开始回升时，商人会补充存货，生产者利润将增加，从而投资也会相应增加，工资、就业及货币所得水平也将随之增加。此时，由于利率仍然处于较低水平，将增加股票的价值（股息、红利及资产净值增加），股票价格也就会上涨，并会持续到经济回升或扩张的中期。

3. 利率

利率对股价变动影响最大，也最直接。利率上升时，一方面会增加借款成本，减少利润，降低投资需求，会导致资金从股票市场流入银行存款市场，减少对股票的需求；另一方面，利率上升也使投资者评价股票价值所用的折现率上升，都会促使股票价格下降。而当利率下降时，会推动股票价格上涨。

4. 货币供应量

货币供应量是一国货币政策的主要调控指标。当中央银行放松银根，增加货币供应量时，一方面使用于购买股票的资金增多，需求增加，因而股价会上涨；另一方面，货币供应量增加，也会使利率下降，投资和消费需求增加，生产和销售增加，企业利润增加，这些因素都会促使股票价格上涨。反之，当中央银行紧缩银根，减少货币供应量时，就会产生相反的结果。

5. 财政收支

主要是指财政增加或减少支出、增加或降低税收，对股价上涨或下降所产生的影响。一般来讲，财政支出增加，社会总需求也会相应增加，会促进经济扩张，从而会推动股价上涨。反之，如果财政支出紧缩，社会需求也将相应萎缩，经济景气会下降，由此会推动股价有所下跌。财政税收增加或下降，会造成相反的影响。

6. 投资与消费

投资与消费，这二者构成了社会总需求的最主要因素。投资和消费的增长，直接推动社会总需求和经济的扩张，从而会推动股价的上涨。

7. 物价

物价是一个影响股价的很重要的因素。一般来讲，物价上涨，使股票发行公司的利润、资产净值及发展能力等相应增加，从而会增加股票的内在价值，促使股票价格上涨。同时，在通货膨胀情形下，投资者投资股票具有保值效应，因而会踊跃购买股票，扩大对股票的需求，促进股价的上涨。当然，当发生严重通货膨胀时，股价就会下跌。

8. 国际收支

一般来讲，国际收支出现持续顺差，外汇储备增加，本币投放增加，会刺激投资和经济增长，有利于形成促使汇价和股价上升的心理预期，推动股价的上浮。反之，则促使股价下跌。

9. 汇率

汇率变化是影响股价变动的重要因素。特别是在一个开放的经济中，以及在货币可自由或相对自由兑换的环境内，汇率变化直接对股价形成冲击。

二、政治因素与自然因素

政治因素及自然因素都将最终影响经济，影响股票上市公司经营从而会影响股票价格波动。

1. 政治因素

政治因素包括：战争因素、政局因素、国际政治形势的变化，等等。

2. 自然因素

自然因素主要指自然灾害。

三、行业因素

行业因素将影响某一行业股票价格的变化，主要包括行业寿命周期、行业景气循环等因素。

股票发行公司的经营状况与所在行业的发展周期紧密相关。在行业开创期，公司利润一般很高，股票价格逐步提高；扩张期，股票价格会涨到最高点；停滞期则会导致股票价格下跌。

四、心理因素

心理因素是指投资者心理状况对股票价格的影响。

五、公司自身的因素

公司自身的因素主要包括公司利润、股息及红利的分配、股票是否为首次上市、股票分割、公司投资方向、产品销路及董事会和主要负责人调整，等等。

1. 公司利润

公司利润大小直接影响到股息、红利的多少，从而会影响该公司的股票价格。一般来讲，公司利润上升时，股价会上升，盈利下降时，股价也会随之下降，二者的变动方向是一致的。

2. 股息、红利

一般情况下，股价跟股息、红利呈同方向变动，公司分发股息、红利的消息对股票价格会产生显著的影响。公司宣布分发红利,将会引起股价上升,公司宣布没有红利或不进行送配,股价将会下跌。

3. 股票分割

一般在公司进行决算的月份,宣布股票分割。在股票分割时,股票持有者所保持的股份,能得到和以前相同的股利,因此会刺激一些人在公司决算期间,因指望得到分红而增加购买股票,股价就会相应上升。分割结束时,价格又趋于稳定。

4. 股票是否为初次上市

国外存在这样的情况,当新股上市时,股价通常会逐步上升。这是因为:发行时承销价偏低;上市初期,购买者持续地高估股票价值;新上市股票的报酬率通常大于市场上一般股票的报酬率。

5. 重大人事变动

实力大户一般对发行公司的管理权很重视,在董事会、监事会改选前,常会逐步买进股份,以便控制董事会和监事会。此期间股价就可能被抬高。

6. 投资者

这种因素主要看投资者持有的金融资产中股票所占的比例,如果股票所占的比例小,说明这些投资者潜在的股票投资能力强,股票市场的需求看涨,股价也将看涨;如果股票所占的比例大,结果就相反。

六、其他因素

其他因素主要包括一些股票买卖的投机因素、技术性因素及其他影响股票供求的因素。

政治与政策因素分析

一、政治因素

政治是经济的集中反映,并反作用于经济的发展,会使股票市场发生波动。政治因素主要包括:最高领导层的动态,外交形势,国际局势,国内外领导人的讲话、行踪、更替、性格、背景,证券管理层的领导风格、更替背景,等等。所以,政治因素变化对股市影响很大。

1. 国际形势的变化

国际形势的变化越来越对股价产生影响,随着交通运输的便利,通信设备的发展,国家与国家之间、地区与地区之间的联系越来越密切,世界已经变成了相互影响的整体,因此,一个国家和地区的政治,经济和财政等方面随着国际形势而变化,股票市场也随之变动。比如,外交关系的改善会直接使跨国公司的股票价格上升。

2. 战争的影响

战争使各国政治、经济不稳定,人民的生活也受到严重影响,因此,此时的股价下跌是战争影响造成的。但是,战争对股价的影响又是不同的。比如,2003年美国对伊拉克开战前后,整个世界的股市都产生了很大的震动。美国的道琼斯指数、日本的日经指数,都跌破8000点关口。

但是，战争会使军需工业繁盛，此时，凡是与军需工业相关的公司股票价格会急剧增长，投资者若适时购进军需产品的股票，此时股票价格必有增长的趋势。

3. 国内外重大事件

国内、国际重大事件、政治风波等也会对股市产生重大影响，比如，前些年的全球流感大流行，给医药板块来带了利好的刺激。再比如，美国信用下调、利比亚战争、希腊债务危机、埃及局势、中美经济会谈、伯克希尔会议和2011年的日本大地震等，都严重影响了当时的全球股票价格。

二、政策因素

我国股市由于特殊原因，政策的影响比较大，因此被股民称为政策市。具体到政策因素，主要有：国家颁布的各种法律、法规、条例、规则及其出台背景和内容，国务院各个机构的变化整合，主流媒体动向，内幕信息证实，等等。政策的变化对股市的影响更直接。比如，1996年12月16日，《人民日报》特约评论员发表的文章《正确认识当前股票市场》，就导致股市猛烈暴跌。沪指从12月11日最高点1258点暴跌到12月18日最低点869点。而1999年6月15日，《人民日报》特约评论员发表的文章《坚定信心规范发展》，则为5·19行情加油打气并引燃了持续到2001年上半年的世纪性特大牛市。沪指从1999年5月17日的最低点1047点一直震荡向上，到2001年6月14日的最高点2245点才结束此轮大牛市。2004年2月1日，国务院颁布了《关于推进资本市场改革开放和稳定发展的若干意见》。股市由此从1307点冲到1783点。可见，政策对股市的影响是非常巨大的。

由此可见，股民尤其是新股民在投资于股市之前一定要多方面了解时事，了解国际、国内新闻，对自己选择、购买股票会有很大帮助。

经济及股市因素分析

一、经济因素

股市是经济发展的晴雨表。经济因素包括：国民生产总值、固定资产投资、物价、就业、外贸、金融、保险、企业效益、能源、旅游、科技、内幕经济信息的分析，等等。

股市和经济有很紧密的联系。比如，1933年，世界资本主义经济发生了严重的危机，工业发展和市场普遍萎缩，因此股票价格猛跌。美国钢铁公司的热门股票从1929年的最高点261美元至最低点21美元。又如，1996年中国经济软着陆后，逐步进入良好的发展态势，GDP一直保持8%左右的发展速度，中国股市也由此上涨，1996年到2001年走出了一轮特大牛市。再如，2004年开始宏观调控，由此导致股市持续下跌。

二、利率因素

银行利率应属于经济层面的因素，但它的变化，对股票价格的影响最直接。所以应该单独提出分析。一般认为，股市的升跌和银行利率高低有密切关系。提高银行利率，就会导致资金流入银行，流出股市，所以股市就会相应作出下跌的反应。反之则相反。比如我国1993年连续两次提高利率，导致我国股市下跌。而1996年到2002年连续8次下调利率，股市为此走出了大牛市。2004年利率上调，对股市短期产生了利空影响。可见利率对股市的作用力是比较明显的。

三、股市层面因素

股市层面因素主要包括：有关证券的各种法律、法规、条例、规则、指引的出台背景和内容，上市公司动向和经济效益，主力内幕运作动向和力度，资金内幕流动的意愿，多空人气的内部较量，其他内幕的信息证实和分析等，这些因素对股市产生直接的影响。

比如，2001年6月14日颁布的有关国有股减持的利空消息后来导致股市暴跌。而2001年10月24日，有关国有股减持暂停的消息导致10·23暴涨行情。2002年6月24日，有关国有股减持彻底停止的消息导致股市喷发了6·24行情。又如，管理层对亏损公司实行了ST和退市制度，使一批亏损公司的股价大幅震荡。再如，2000年，亿安科技、海虹控股、清华紫光等牛股的崛起，显示了主力内幕运作动向和力度。

因此，新股民要充分了解以上各方面的经济因素后，再作买卖决定，不可盲目购买股票，以避免自己一进入股市便亏损的情况发生。

综合因素对股市影响的分析

一、心理因素

人们心理状态的变化，会对购买股票的行为产生重大影响，从而导致股票价格的变化。例如，美国著名的企业巨子艾柯卡，1978年11月2日加盟克莱斯勒汽车公司上任的第一天，该公司的股票价格就以涨幅收盘，这是由于美国大众心理上对艾柯卡的高度信任所致。再如：某公司股价已经很高，但人们心理上认为可能还要上升，所以导致继续追高买进的行为。反之，某公司股价已经很低，但人们心理上认为可能还要下跌，所以导致继续杀跌卖出的行为。

二、供求因素

供求之间的矛盾，对商品的价格有直接的影响，股价也不例外。1992年前，上市公司不多，股票供不应求，导致股价猛涨。进入1993年后，股票供应充足后，股市价格明显下降。1996年股票一度供应偏少，因此股价又上涨。1996年及1997年股票额度增加，股市开始平稳。

三、投机因素

股市的另一个特点就是投机。有投机，也就有股价波动。1996年到

2001年，中国股市大涨，不断创新高，也有部分投机因素。比如，亿安科技、清华紫光股价上升到100元，就是过度投机的结果。事实证明，这种过度投机的结果最终导致其股价的大幅回归。到2006年5月5日，亿安科技股价下跌到3元左右，清华紫光股价下跌到6元左右。又如，一些亏损公司，其股价不跌反涨，令人大惑不解。这就是投机的因素在起作用。

四、其他因素

股市有时会受到其他因素影响。其他因素包括：天灾人祸，恶意操纵股价，伪劣信息散布，社会突发事件，社会流动信息，主流媒体的宣传态势，社会基层的情绪，社会各层面的态度，社会民意的趋向，等等。比如，1998年的洪灾，2003年的非典型肺炎等天灾人祸都对股市产生了短期的影响。又如，中科创业、亿安科技等股价的暴涨暴跌就是恶意操纵股价的结果。银广夏美丽泡沫的鼓吹营造，就是伪劣信息散布的典型案例，导致许多股民为此追高，最终成为其牺牲品。再如，2000年初，有一批人对股市发表批评的言论，否定股市对国民经济的巨大贡献，此言论绝不是孤立的，它多少代表了社会各层面一些人的态度。为此，股市受到很大影响。

股市在实际运行中，如果几个因素共同发力，则会对股市产生很大的影响。比如，国务院发布的关于《减持国有股筹集社会保障资金管理暂行办法》是2001年6月6日媒体公布的。就在这一天，沪指创下2245点的新高。

五、综合因素分析法

如果大体了解以上几方面因素，再加上财务指标的分析，运用的就是综合因素分析法。综合因素分析法是一种更科学、更严密的分析方法，需要掌握以下一些技巧。

第四日 股票分析方法

1. 掌握股市节奏

股市的活动，节奏感很强。股市变化莫测的节奏，往往对公众的买卖行为产生不良影响。因此，必须明察秋毫，控制自己的购股节奏，不可操之过急。

2. 抓住主要矛盾

如果政策变更，股民应及时分析，作出正确的决定。而在整个政治、经济环境比较稳定时，股民应注意考察公司的经营状况。

3. 注重积累实践经验，并应用理论指导实践

买卖股票，特别是尽量正确地买卖股票，是一项实践性极强的活动。股民要积极参与买卖股票的实践，从中培养购股修养，总结实践经验和必要的理论指导。

4. 一定要注重积累实际资料

投资者如有条件的话，应该对自己感兴趣的股份公司的资料不断积累，以分析该公司的业绩盛衰趋势和财务结构的变化。因为每个股份有限公司的财务状况都是不断变动的。

5. 做到基本正确

美国著名经济学家西蒙是决策理论的著名代表。他在论述决策的原则时指出：决策不可能实现最大化原则，只能采取令人满意的准则。这就是对"基本正确"的一个注释，西蒙的这个"实惠"决策理论，应作为股票投资者的一条参考法则。不要像学究似的算来算去，反复推敲。否则必将丢失机遇。

6. 知己知彼，百战百胜

投资者必须对准备持股的股份公司状况了如指掌，这样，才能在股市中灵活自如，应付突发事变，减少损失。靠好运气或赌博的心理只能是偶然侥幸赢利，不会带来长久的赢利。

7. 增强信心

首先要有必胜的信心，同时，要一如既往，只有这样，才可以在股市中立于不败之地。

第五日

看盘的方法与技巧

选股票重点就是把握股价的走势，要学会看盘，盘面的动态是庄家最真实的一面，通过看盘，对盘面情况作出初步的分析，观察即时行情，掌握股价走势情况，进而能整合盘面信息，为自己选一只好股票打基础。

看盘的步骤

在股市中,盘面的动态是庄家最真实的一面,庄家的每一个动作都在这里暴露无遗,盘面就是一切。成为看盘高手的充分条件是全身心的投入,其必要条件则是要吸取别人的看盘经验,向狡猾的庄家学习,只有这样才能发现庄家的蛛丝马迹。

看盘应采取以下基本步骤。

一、设定自选股

由于证券市场的壮大,在深沪股市上市的公司越来越多,如果不设定自选股,就会如大海捞针,无从下手,而且一个人精力有限,不可能关注太多的个股。选择自选股的条件,首先是日K线必须呈多头排列,往上突破需有温和放量的成交量作配合。选定自选股后,我们就再来分析各股的基本面情况,包括公司的变化,行业特征,盘子大小,近年业绩,从这些方面来发掘题材。每天收市后最好翻阅每一只个股的K线图,边看边分析,最后把认为值得关注的个股设为自选股,方便跟踪研究,通过对个股的盘后分析,可对正在走强的个股有一个初步认识。

二、分析开盘形态

开盘后,我们可分析自选股的开盘形态,属于高开、低开还是平开。

若高开，证明当日主力有意做多，若有成交量的配合则更好，就可跟进做多。低开证明当日主力有意做空，平开则证明主力在观察大势，随波逐流。我们重点关注的是那些能放量高开的个股，因为开盘价大体能看出主力做盘的意图，准确度大约为70%。

三、分析开盘前30分钟的大盘及个股走势

开盘后30分钟的走势基本可预测全天的行情，准确率大约在80%左右。开盘后30分钟，历来是多空双方必争的关键时间段，所以在这一时间内发生的趋势将决定当日的最终趋势。因此，开盘后30分钟的走势基本反映了当日的最终趋势。

以开盘价为起点，以第10分钟、第20分钟和第30分钟的价位取点，我们给这四个点连线，可得到：第10分钟的价位若高于开盘价，则第一个10分钟K线图为阳线，反之则为阴线。若第20分钟的价位高于第10分钟的价位，则第二个10分钟的K线为阳线，反之为阴线。然后，若第30分钟的价位高于第20分钟的价位，则第三个10分钟的K线为阳线，反之则为阴线。在第三个10分钟的K线中，若有两根阳线，当日应收阳，反之若有两根阴线，当日应收阴。无论大盘或个股，用此法分析均可。

四、分析个股与大盘的相对强度

从个股走势及大盘走势的对比中，往往可以发现强庄股的踪迹，强庄股大多逆市放量收阳，显示出主力非凡的实力野心。跌市见强庄，这是股市的真理。我们从个股与大盘走势的对比中，可发现正在走强的黑马。它们脱离了大盘走独立行情，不随波逐流，其背后必然有超级庄家，以及雄厚的资金，还会有朦胧的题材。此类个股涨得比大盘快，跌幅比大盘小，一段时间后，它们的股价就高高在上了。所以在大盘下跌时，应重点留意逆市放量收阳的个股，这些都是黑马。如果某个股走得比大

盘强，就说明买盘较多，卖盘较少。

五、分析委托盘的均价线

委托盘就像战场一样清楚反映多空双方的兵力及布阵方式，不仅反映了多空双方力量的对比，还反映了多空双方的心态。

1. 主力建仓型委托盘的特点

（1）成交比较活跃。
（2）委卖盘的数量远大于委买盘。
（3）虽然委卖盘比委买盘大，但股价不仅不跌，反而上涨。这种反常的现象证明了主力在压盘建仓。

2. 主力出货型委托盘的特点

（1）价量关系不理想，跌时放量，涨时无量。
（2）委买盘远大于委卖盘。
（3）股价在大卖盘支持下，不涨反跌。证明主力边打边撤。我们不妨用反向思维来分析这类委托盘。

均价线客观地反映了投资者当天的平均持股成本，对当天的股价有支撑和压力作用，也反映了全天的股价重心。一般而言，强庄股都会在均价线上运动，每当回调至均价线会有强烈的支持。若要介入某强势股，不妨等它回落至均价线下介入，避免追高。

开 盘 价

一、开盘价的概念

开盘价又称开市价,是指某种证券在证券交易所每个交易日开市后的第一笔买卖交易。第一笔交易的成交价即为当日开盘价。按上海证券交易所规定,如开市后半小时内某证券无成交,则以前一天的收盘价作为当日开盘价。世界上大多数证券交易所都采用成交额最大原则来确定开盘价。

开盘分为高开、低开和平开三种。虽然开盘的价格不能作为判断股价走势的唯一依据,但可以作为一种参考,特别是一些特殊的开盘价往往能预示当日全天的走势。

有时某证券连续几天无成交,则由证券交易所根据客户对该证券买卖委托的价格走势,提出指导价格,促使其成交后作为开盘价。首日上市买卖的证券经上市前一日柜台转让平均价或平均发售价为开盘价。

开盘价对于股价走势的预测作用,往往是和公司信息面紧密联系的。突发性的大幅高开或者低开,都有其必然的背景。因此,投资者还需要结合基本面的情况,同时观察成交量的变化,考虑是否参与短线的操作。

(1) 高开是指当天第一笔撮合的价格高于前一个交易日的收盘价

格,它一般意味着市场对该股未来的走势有所期待,属于看多个股后市的开盘。

(2) 低开则是指开盘交易的第一笔成交价低于前一个交易日的收盘价格,它一般表明市场对于该股没有信心,是看低后市的。

(3) 平开是指开盘价格与前一个交易日收盘价持平,它表明看好和看空该股的力量是持平的,市场处于一种相对平衡的状态;平开的情况是最少的。

在弱市中,如果股价大幅低开,并且没有反弹回补缺口,或者即使回补缺口但成交量很小,就意味着该股还将有较大的跌幅,应及早卖出回避风险。对于一般的个股股价出现略微的高开或者低开,仅仅从开盘价格上是无法预测以后的走势。

有操作参考意义的是在强势市场中高开的个股。如果高开幅度在3%以上,而且能够稳住,不再大幅下调回补缺口,这样的个股就应该高度关注。因为这样的个股在短期内会有持续上涨的动力,所以有短线机会。

二、解读操盘手

操盘手,从字面上来说就是买进卖出的操作人员,但市场上一般将它理解成比较专业的投资人员。这类人员有一个共同的特点就是都参与实际的买卖操作,而且都将买卖操作作为自己的主要工作来做。比如基金公司的交易员,私募基金的交易员或者是一些接受委托理财的实际操作人员。这种操盘手在国外被称作交易员。

由于交易员是根据指令单进行买卖,而指令单上明确标出了完成该指令单的价格范围、数量和时间,因此作为交易员的工作在某种意义上来说只是一个报单员,就像证券公司派驻在证券交易所场内的红马甲交易员。

所谓交易员的工作就是买卖交易,所以与整个投资过程中的其他阶段包括决策阶段无关,交易员并不参与其他阶段的投资过程。只有参与整个投资过程的交易员才能被称为操盘手。操盘手的意义与交易员有很大的差异。因此，不要将职业操盘手同交易员联系起来。

但如果操盘手运作的是项目（市场上称为"庄"），并且从头到尾都参与了整个过程，那么，操盘手必须连续地关注盘中每一笔的成交情况和接抛盘变化。因为只有通过这些细微的变化才能够感觉到市场对于股价的认同程度，才能够随时作出下单的决策。不需要任何其他人员的参与，决定权完全在于操盘手。这里的下单决策不需要其他任何过程。

对于运作项目的操盘手来说，下单只是其中的一小部分简单的手工工作，操盘手的主要工夫应该是用在对股价运行的把握上。项目的运作只有目标而没有计划，因此唯一的运作方式就是指市场对股价的认同程度。这个除了操盘手本人外无人知晓。

真正的操盘手应该有能力使自己在交易时段内始终处于随时都要进行买卖决策的最佳状态。这种决策不单包括真正想成交的买单或者卖单，还应该包括大量的也许只是用于试探市场的买单或者卖单，甚至会有这样的决策：不进行任何操作。

实际上职业操盘手并不局限于这类所谓做市场"主力"的操盘手一类。从广义的角度去理解，绝大部分投资朋友特别是散户投资朋友都属于操盘手一类，因为在整个投资过程中他们都是完全依靠自己在一步一步做下来的。如果一个项目运作一年，那么操盘手极有可能在这一年中的任何一个交易时段内连续地作出是否挂单或者不动的决策。

收 盘 价

一、收盘价的概念

收盘价是指某种证券在证券交易所一天交易活动结束前最后一笔交易的成交价格。收盘价几乎可以说是市场上最容易被记住也是最重要的一个数据，但人们却很少注意到收盘价的盘面反馈。投资者对行情分析时，一般采用收盘价作为计算依据。如当日没有成交，则采用最近一次的成交价格作为收盘价，因为收盘价是当日行情的标准，又是下一个交易日开盘价的依据，可据以预测未来证券市场行情。

所谓收盘价的盘面反馈是指收盘以后停留在盘面上的挂盘状况，包括10个买卖价位及相应的挂盘数量。收盘价是市场参与者们所共同认可的价格，是一天中大家所接受的价格。而最高价是大多数人认为好的卖出价格，最低价是大多数人认为好的买进价格，而收盘价是不再进行交易的价格。因此，可以从中得到不少的信息，特别是盘中主力的信息，尽管从盘中主力那里得不到这些。

研判收盘价有着重要意义，无论当天股价如何振荡，最终将定格在收盘价上，但主力做周线，特别是月线的收盘价难度比较大，因为耗资巨大。因此，月线以及周线的收盘价最具研判意义。

上海证券交易所交易规则规定沪市收盘价为当日证券最后一笔交易前一分钟所有交易的成交量加权平均价（含最后一笔交易）。当日无成交的，以前收盘价为当日收盘价。深圳证券交易所交易规则规定深市证券的收盘价通过集合竞价的方式产生。收盘集合竞价不能产生收盘价的，以当日该证券最后一笔交易前一分钟所有交易的成交量加权平均价（含最后一笔交易）为收盘价。当日无成交的，以前收盘价为当日收盘价。目前沪深股市的收盘价并不完全是最后一笔交易的成交价格，而是一个加权平均价，又称已调整收盘价。

二、收盘价分类

1. 类别

（1）上下平衡。第一种收盘价是上下平衡，其含义是上下接抛盘相当，价位几乎没有空缺。

（2）高空。第二种收盘价是高空，指上档的卖出价离收盘价较远而买进价则贴近或等于收盘价。如果尾市大盘明显下跌，那么高空状况的出现是正常的。如果大盘走势平稳而且当天该股的涨跌也基本跟随大盘，那么可以确定该股应该没有主力，或者即使有主力也不愿意护盘，表明该股至少现在还不会走强于大盘。

（3）低空。第三种收盘价是低空，指下档的买进价离收盘价较远而卖出价则贴近或等于收盘价。

如果是最后一笔的成交导致收盘价冲高，那么就是主力做收盘价。如果股价在最后几分钟连续上涨而下档却没有什么接盘跟上，那么主力就是采用了不太冒险的方法，扫掉上档并不多的抛单，但并不在下档挂接单。

总之，作为一种重要的价格表现，收盘价的高低是市场投资者特别是短线投资者必须重视的一个技术数值。当然，观察收盘价的作用也要同时结合其他的价格表现，包括开盘价、最高价和最低价，有时候还要结合成交的情况来进行综合分析和判断。

2. 收盘价的规定

证券交易所的股票收盘价是证券交易所每个营业日某种股票的最后

一笔交易的成交价格。与主板市场不同，中小企业板块股票将采用集合竞价的方式确定收盘价格。收盘集合竞价的时间为3分钟，即从14:57至15:00收盘为止，其间可以撤单。

在当时没有成交价格的情况下一般采用最近一次成交价格作为收盘价。初次上市的股票的竞价买卖，除另有规定外，按上市前公开销售的平均价格代替收盘价作为计算升降幅度的参考基准。

3. 收盘价的重要意义

技术分析所使用的开盘价、最高价、最低价和收盘价，这四个价格表示的是一天价格波动中的4个极端：时间的两个极端（开盘价和收盘价）与价格的两个极端（最高价和最低价）。在这四个价格中，收盘价是最重要的。只有收盘价才是赚钱或赔钱的基准，所以收盘价是不再进行交易的价格。

即时行情与看盘

股市即时行情发端于在既定宏观经济环境条件下参与股市交易的所有投资者的主观认识，产生于投资者在股市中的买入卖出的具体操作之中，是股市中受股票供求关系作用的资金运动的具体反映。

要想获取赢利，只能在所有投资者投入股市的资金总量中去获取，并且获取赢利的途径又只存在于股价的起伏变化中，股市既是投资的场所，又是投机的场所。合理的投机对股市有重要的积极作用。投资股市存在着获取丰厚利润的可能和投资失败的风险。然而众多投资者参与所形成的股市即时行情变化多端、复杂难测，即时行情实质上是不同投资者，不同投资群体的意志、实力、投资技巧和分析能力的综合反映。

在我国股市里，投资者主要分为机构大户投资者和中小投资者两大类。机构大户投资者拥有极强的资金实力，能够在极短时间内调动庞大数额的资金参与股票交易，机构大户投资者由拥有巨额资金的投资机构（如证券投资基金）、公司、企业法人单位和个人组成。他们具有从多种方式影响股票市场、影响社会对股市认识的能力，也具有充分迅速获取相关重要消息的能力。中小投资者单个拥有资金的数额很小，但数量庞大，他们缺乏充分获取各种信息的能力，是高度分散的公民个人投资群体。这两类不同特点的投资群体对股价的认识和拥有资金的运作，形成了永久新鲜的股市即时行情。

所谓看盘，即观察一定时间内大盘或个股的盘面变化，收集相关数据，进行整理、归纳的过程。换句话说，看盘是看股市或个股的行情变化，了解大市的走势或个股股价的涨跌情况。一定时间内股价及相关指数的变化情况所形成的行情图表构成了股市的大盘，而一定时间内个股的股价走势，包括开盘价、最高价、最低价、收市价等，反映在行情图表上，就形成了各股的小盘。

股价的变动、盘面的变化反映了一切信息，这些信息是促使股价涨跌的直接因素，它们已经包含在股价变化的市场行为之中了。看盘的过程是一个收集信息的过程。在技术分析人士看来，盘面就是一切。这些消息、信息不一定完全真实，它会有真有假、有近期的利多或利空，也有预期的影响，还有主力、庄家的种种做法或制造的假象。如何从盘面的变化中发现隐含的信息，起初的信息，做到去伪存真，去芜存菁，进而研判股价的未来走势，这就是看盘所要达到的目的。

看盘是一种经验的积累，能否从盘面变化中准确无误地预测后市发展，恐怕无人做到。因为，盘面往往因出现异常而瞬息万变，仅凭过去的经验来对盘势未来发展作出准确的判断是比较困难的。看盘是短线操作的必修功课。进行短线操作如果不会看盘，在股市里就如同迷失了方向，不知道从何做起。对于中、长线投资者说，看盘是必备的基本常识。

要成为看盘高手，需长期的经验积累，经验多了，就会从常态中发现异动，感觉到盘面的异常，从而对盘面作出正确的分析和判断。同时，还要善于汲取他人的看盘经验和技巧，以提高自己的看盘水平。只有这样，才能真正掌握破解盘面密码的真功夫。

把握盘中买卖时机

如果根据大市的研判和个股的分析，决定了当天股票的买卖，那么再结合大盘的走势，买卖股票会更为稳妥。

一、高开高走

当日开盘价比昨日高，买方势强。但是还不是买的时候，还要看看这个价格是否站得稳。如果走势不错，回档时并未跌到平盘以下，甚至连开盘价都未跌破就重拾升势，显然这是好兆头，可以买进；当股价冲破刚才回档起始点，再创新高时，说明买方气势确实非同一般，回档有支撑，上升几乎没有什么阻力，可以加码买进。

二、低开高走

当日低开，看似买盘较弱，但探底之后，迅速回升，一次即冲破昨日收盘价关口，暂时不能买，防止假突破。结果观察到拉回时，回档到昨日收市价附近即回稳，并重获升势，此时即可介入。开市时下跌低开或因利空、或因庄家试盘或洗盘，因而反使升势更有根基。

三、平开走低震荡走高

开盘之后，股价以昨日收市价为轴心，形成一个W底，说明买卖力量暂时势均力敌。但随后买方发力，股价向上突破W底的颈线，但此时无法判断是真突破还是假突破，暂时观望不买。如果回档不破颈线，此时买入，则是较佳时机，因为这意味着颈线作为阻力位已被有效攻克，此时反倒成为有力的支撑位，此时不买更待何时。

四、高开盘整与低开盘整走高

无论开高还是开低之后，买卖双方均在一个股价箱内反复争夺、较量，可以认为，买卖双方的力量在这一价格区间内取得了暂时的动态均衡，二者差别只在于图的上半部分价格走势与昨日相比，买方略占上风，因为争夺毕竟始终发生在昨日收盘价之上，好比战争双方虽处胶着状态，但战场却在某一方范围内，另一方当然算占了上风。

对于这样一种盘势，如果观察到放量突破后就可大胆跟进；否则只主张少量买进，因为它还有一道考验关口——昨日收盘价需要冲破，因而不排除冲不过去的可能性。

五、低开低走

当日开盘价在昨日收盘价下方，下探后回升不及开盘价又回头向下，不排除形成箱形走势的可能性，但接着走势出现创新低，需赶紧出货；此时原先低点变成阻力位，当再次回升到阻力位时若不能冲破并回头向下，则应继续出货。

六、平开绕昨收盘价整理向下突破

由于股价不能继续创新高，说明多头气势已衰，应出货；当股价下行创新低点之后，说明弱势已成定局，当日回升希望不大，应卖出。

七、平开高走后向下突破

股价当日开盘在昨日收盘价位之上，走出 M 头形态，跌破颈线，则 M 头成立，回升无望，应该出货；当反弹无法突破颈线位，则要把握机会，没出完的货赶紧出完，颈线已经成了强阻力线。

八、高开或低开横向整理最终跌破箱体

不论开盘是高开抑或低开，开盘之后，股价在一个箱形区间整理。多空激烈争斗，箱子顶部是空方防线，底部则是多方防线，当底部失守时多方溃退，因而反手做空乃是上策。

选股的时机和策略

一、新股发行时投资策略

新股的发行与交易市场的关系是相互影响的。了解和把握其相互影响的关系,是投资者在新股发行时,正确进行投资决策的基础。

一方面,在交易市场的资金投入量为一定数额的前提下,新股的发行,将会抽走一部分交易市场的资金去认购新股。如果同时公开发行股票的企业很多,将会有较多的资金离开交易市场而进入股票的发行市场,使交易市场的供求状况发生变化。另一方面,由于发行新股的活动,一般都通过公众传播媒体进行宣传,从而又会吸引社会各界对于股票投资进行关注,进而使新股的申购数量,大多超过新股的招募数量,这样,必然会使一些没有获得申购机会的潜在投资者转而将目光投向交易市场。如果这些潜在投资者经过仔细分析交易市场的上市股票后,发现某些股票本益比、本利比倍数相对较低,就可能转而在交易市场购买已上市股票,这样,又给交易市场注入了新的资金量。

一般来讲,社会上的游资状况,交易市场的盛衰,以及新股发行的条件,是决定发行市场与交易市场相互影响的主要因素。其具体表现是:

(1) 社会上资金存量大、游资充裕、市况好时、申购新股者必然踊跃。

(2) 市况疲软,但社会上资金较多时,申购新股者往往也较多。

(3) 股票交易市场的市况好,而且属于强势多头市场时,资金拥有者往往愿将闲钱投在交易市场搏击，而不愿去参加新股的申购碰运气。

(4) 新股的条件优良，则不论市况如何，总会有很多人去积极申购。

对于我国来讲，发行新股的企业一般都经过了严格的挑选，且股票处于供不应求的状况，一般而言谁买到了新发行的股票，只要耐心等待到其上市交易，就可获得一笔额外的收益，只要有新股发行，投资者均宜积极申购，并可根据新股发行与交易市场的关系，灵活地进行相机抉择。

二、新股上市时投资策略

新股上市一般指的是股份公司发行的股票在证券交易所挂牌买卖。新股上市的时期不同，往往对股市价格走势产生不同的影响，当新股在股市向好时上市，往往会使股价节节攀升，并带动大势进一步上扬。因为在大势造好时新股上市，容易激起股民的投资欲望，使资金进一步围拢股市，刺激股票需求。投资者应根据不同的走势，来恰当地进行投资决策。新股上市的消息，一般要在上市前的十来天，经传播媒体公之于众。

相反，如果新股在大跌势中上市，股价往往呈现下跌的态势。因此投资者在股市大势向上新股上市时，宜适时入市购股。

在新股票上市后，由于其价格往往偏低和需求较大，一般都会出现一段价位调整时期。其价位调整的方式，大体上会出现如下几种情况。

(1) 股价调整一次进行完毕，然后维持在某一合理价位进行交易。

(2) 股价一次调整过头，继而回跌，再维持在某一合理价位进行交易。

(3) 股价先调整至合理价位的一半或2/3的价位水平后即停止，然后进行筹码整理，让新的投资者或市场大户吸进足够的股票，再做第二段行情。

(4) 股价调整到合理价位后，滑降下来整理筹码，再做第二段行情调整回到原来的合理价位。这种调整方式，有涨有跌，可使申购股票中签的投资者卖出后获利再进，以致造成股市上的热络气氛。

由此可见，有效掌握新股上市时的股价运动规律并把握价位调整方式，对于股市上的成功投资者是不可或缺的。

三、分红派息前后投资策略

股份公司经营一段时间后（一般为一年），如果营运正常，产生了利润，就要向股东分配股息和红利。

在分红派息前夕，持有股票的股东一定要密切关注与分红派息有关的四个日期，这四个日期是：

(1) 股息宣布日，即公司董事会将分红派息的消息公布于众的时间。
(2) 股权登记日，即统计和确认参加本期股息红利分配的股东的日期。
(3) 除息日，即不再享有本期股息的日期。
(4) 派息日，即股息正式发放给股东的日期。

在这四个日期中，尤为重要的是股权登记日和除息日，购买了股票并不一定就能得到股息红利，只有在股权登记日以前到登记公司办理了登记过户手续，才能获取正常的股息红利收入。

掌握除息日前后股价的变化规律，有利于投资者在购股时填报适合的委托价，以有效降低其购股成本，减少不必要的损失。至于对除息日的把握，对于投资者来说也至关重要。由于投资者在除息日当天或以后购买的股票，已无权参加本期的股息红利分配，因此，除息日当天的价格会与除息日前的股价有所变化。

对于有中、长线投资打算的投资者来说，可趁除息前夕的股价偏低时，买入股票，以享受股息收入。因此，有中、长线投资计划的人，如果趁短线投资者回吐的时候入市，既可买到一些相对廉价的股票，又可获取股息收入。

四、多头市场除息期投资策略

多头市场是指股价长期保持上涨势头的股票市场，其股价变化的主要特征为一连串的大涨小跌变动。要有效地在多头市场的除息期进行投资，必须首先对多头市场的"除息期行情"进行研判。

1. 多头市场"除息期行情"最显著的特征

（1）息优股的股价，随着除息日的逐渐接近而日趋上升，这充分反映了股息收入的"时间报酬"。

（2）按照股价的不同，出现向上比价的趋向，投资者所"认同"的本利比倍数愈来愈高。

（3）除息股票往往能够很快填息，有些绩优股不仅能够"完全填息"，而且能够超过除息前的价位。

2. 结论

根据上述"除息期行情"的特征进行分析研判，可以得出多头市场的以下几点结论：

（1）股息的时间价值受到重视，即在越短的时间领到股息，其股票便越具价值。所以，反映在股价上，就是出现逐渐升高的走势。

（2）股票除息后能够很快填息，因此，投资者愿意过户领息，长期持股的意愿也较高。

（3）股市行情一波接着一波上涨，一段挨着一段跳升，轮做的迹象十分明显。选对了股票不断换手可以赚大钱，拿着股票不动也有"获利机会"，因此，投资者一般都不愿将资金撤出股市。

（4）行情发动初期，由业绩优良、股息优厚、本利比倍数很低的股票带动向上拉升；接着，价位较低却有股息的股票调整价位；最后，再轮到息优股上扬冲刺。

（5）由于在早期阶段本利比偏低，大批投资者被吸引进场，随着股价的不断向上攀升，使得本利比倍数变得愈来愈高。

掌握了多头市场"除息期行情"这种变化特征，投资者如何进行操作也就不说自明了。

五、股价回档时投资策略

在股价呈不断上涨的趋势中，经常会出现一种因上涨速度过快而反转回跌到某一价位的调整现象。在股市上，人们习惯将这种挺升中的下跌称之为回档。股票在经过一段时间的连续挺升之后，投资者最关心的就是回档问题。持有股票者希望能在回档之前卖掉股票，未搭上车者，则希望在回档之后予以补进。一般来说，股票的回档幅度要比上涨幅度小。

股价在涨势过程中出现回档，主要有以下原因：

（1）股价上涨一段时间后，必须稍作停顿以便股票换手整理。

（2）股票的投资价值随着股价的上升而递减，投资者的买进兴趣也随着股价的上升而趋降，因而，追涨的力量也大为减弱，使行情上升乏力。

（3）有些在上档套牢的投资者，在股价连续上涨数日之后，可能已经够本，或者亏损已大大减轻，于是趁机卖出解套，从而又加重了卖盘压力。

鉴于行情在上涨过程中，必然会出现一段回档整理期，投资者应根据股市发展的态势，对股市回档进行预期，以达到在回档前出货和回档后及时入市的目的。

六、淡季进场投资策略

大凡交易热闹的时期，多属于股市行情的高峰阶段，而交易清淡的时期，则多为股价走势的低潮阶段。

有些投资者，尤其是中大户投资者，在淡季入市时，采取了逐次向下买进的做法，即先买进一半或三分之一，之后不管行情是上升还是下跌，都再予以加码买进，这样，投资者既可以在淡季入场，不错失入市良机，又可以收到摊平成本的效果。因此，成交量的增减与股市行情的涨跌，有着相当密切的关系。交易清淡时期，短线投资者应该袖手旁观，而对于长线投资者，则是入市的大好时机。

七、超买超卖时投资策略

"超买"和"超卖"是股市上的两个专用性的技术名词。股市上对某种股票的过度买入称之为超买，而对某种股票的过度卖出则称之为超卖。这种超买超卖现象，就会得到适当的调整，超买之后就会使股价出现一段回落，超卖之后，也必将会出现相当程度的反弹。投资者如了解了这种超买超卖现象，并把握了其运动规律，就能在股市上增加更多的获利机会。

八、股市行情策略

一般来讲，选择恰当的股票，必须在股市循环的内涵下进行。股市行情策略是投资者在股市循环的各个行情阶段相应采取的各种投资策略。

对于涨势市场或多头市场的循环阶段，通常会出现四种行情。

(1) 将持有的股票全部脱手变现，将其投放在收益较安全稳定的各种债券和存款上，以便在空头市场完结时再进行新的一轮股票投资。

(2) 将资金主要投资于成长期，特别是小额资本的成长股。因为此时人们普遍看好市况并对经济前景持乐观态度，而小额资本的成长较之大型工业巨人具有更大的成长性。因此，小额资本能更好地吸引买盘而使其股价更快地上升。

(3) 迅速将留存的观望资金投向股市，特别是投向那些高度风险股票和小型成长股。

(4) 慢慢卖出次等成长股，将部分资金转移到具有多头市场里维持价位能力的绩优成长股，或将部分资金转为现金和存款。

九、高价买进策略

高价买进策略是投资者以较高的价格买进已经上涨了的股票，以期待股价进一步上涨而获利的投资策略。

采用高价买进策略必须注意以下三点：

（1）高价买进的时间必须是在行情看涨期。只要是在行情看涨期，即使目前不受投资者欢迎，也可能提早恢复股票的知名度。

（2）购买的股票应是具有良好发展前景的品种。因为股票投资的魅力在于日后获得较好的回报。只有具有良好发展前景的股票，才能在较高的价位上再节节攀升，给投资者带来丰硕的成果。

（3）选择知名度周期长的股票。股票知名度周期越长，其股价持续上涨的时间也就越长。

高价买进策略是一项风险性较高的投资策略，如果尚未把握股市的通盘行情，最好不要采用。

十、买涨与买未涨策略

买涨与买未涨策略是两种决然相反的股票买进的时机选择策略。

买涨策略是指投资者在股价上涨时买进的策略。

买未涨策略则是指投资者将购进股票的时机选择在股价处于尚未上涨阶段的策略。投资者更注重发行公司的业绩展望。该种做法大多对个股进行过分析比较，由于股市大多有轮番涨跌的规律可循，故其选择那些处于尚未上涨的成长股作为投资对象，除了风险较小之外，通常也有利可获。这种投资者除了精于计算投资报酬率之外，如果是买到最低价，有时获利甚至能多达数倍以上。

上述两种方法各有利弊，这两种不同的买进时机选择策略，可供不同个性的投资者选用。买涨策略着眼于短期利润，较具投机性，适合于一般的中短线操作；买未涨策略着眼于长期利润，适合于较为稳健的投资者进行中长线投资。

十一、换手策略

换手策略是投资者在股价轮番上涨的过程中,将持有的已上涨股票脱手变现,转而购进涨幅较小或尚未上涨股票的投资策略。

投资者进行换手的时机通常应选择在成交量值增高、交易非常热络时进行,因为在交易非常热络之时,才会有较多的投资者承接补进,才能使股票顺利实现易主。

国内外股市运作的经验表明,股票市场在结束熊市而进入牛市的初始阶段,经常由于有心人的介入炒作而使股价出现轮番上涨的情形,投资者如能把握市场行情,进行不断换手,即不断地抛出涨幅较大的股票,以腾出资金购进价格较为平稳的股票,就能在股市的轮番上涨期间不断地获利。

但换手策略也有缺陷,如果在股票换手后,所抛出的股票仍在继续涨升,而所承接的股票价格仍维持原状,甚至出现下滑,就会使换手者徒增损失。如果在换手后,抛出的股票和承接的股票都以同等的幅度出现涨跌,则会使投资者加大投资成本,白白多支出一些交易的税费。换手投资策略只适合有经验的股市老手采用。

选股的思路

一、大型股票投资策略

大型股票是指资本额在 12 亿元以上的大公司所发行的股票，其盈余收入大多呈稳步而缓慢的增长趋势。这类股票的长期价格走向则与公司的盈余密切相关。由于炒作这类股票需要较为雄厚的资金，因此，一般炒家都不轻易介入这类股票的炒买炒卖。大型股票的短期价格涨跌，与利率的走向呈反向变化，利率升高时其股价降低，利率降低时则股价升高。

对应这类大型股票的买卖策略是：

(1) 大型股票在过去的最高价位和最低价位上，具有较强的支撑阻力作用，因此，其过去的高价价位是投资者现实投资的重要参考依据。

(2) 可在景气不振的低价圈里买进股票，而在业绩明显好转、股价大幅升高时予以卖出。同时，由于炒作该种股票所需的资金庞大，故较少有主力大户介入拉升，因此，可选择在经济景气时期入市投资。

(3) 当预测短期内利率将升高时，应大量抛出股票，等待利率升高后，再予以补进；反之，当预测短期内利率将降低时，应大量买进，等到利率真的降低后，再予以卖出。

二、中小型股票投资策略

按照国外一些分析专家的观点，中型股票是指市价总值在 7 至 12 亿元之间的公司股票。而市价总值在 7 亿元以下的则往往称为小型股票。

中小型股票的特性是：由于炒作资金较之大型股票要少，较易吸引主力大户介入，因而股价的涨跌幅度较大，其受利多或利空消息影响股价涨跌的程度，也较大型股票敏感得多，所以经常成为多头或空头主力大户之间互打消息战的争夺目标。

一般来讲，中小型股票在 1～2 年内，大多有几次涨跌循环出现，只要能够有效把握行情节奏和方法得当，投资中小型股票，获利大都较为可观。因此，对应中小型股票的投资策略是耐心等待股价走出低谷，开始转为上涨趋势，且环境展望好转时予以买进；其卖出时机可根据环境因素和业绩情况，在过去的高价圈附近获利了结。

三、成长股投资策略

所谓成长股是指迅速发展中企业所发行的具有高回报成长率的股票。成长率越大，股价上扬的可能性也就越大。

投资成长股的策略是：

（1）要在众多的股票中准确地选择出适合投资的成长股。成长股的选择，一是要注意选择属于成长型的行业；二是要选择资本额较少的股票，资本额较少的公司，其成长的期望也就较大。

（2）要恰当地确定好买卖时机。由于成长股的价格往往会因公司的经营状况变化发生涨落，其涨落幅度较之其他股票更大。因此，可采取在经济衰退、股价跌幅较大时购进成长股，而在经济繁荣、股价预示快达到顶点时予以卖出。所以对成长股的投资，一般较适合积极的投资人。

四、投机股买卖策略

投机股是指那些易被投机者操纵而使价格暴涨暴跌的股票。由于这种股票易暴涨暴跌，因此，通常是内行的投机者进行买卖的主要对象，投机者通过经营和操纵这种股票可以在短时间内赚取相当可观的利润。

投机股的买卖策略是：

（1）选择优缺点同时并存的股票。因为优缺点同时并存的股票，当其优点被大肆渲染，容易使股票暴涨；而当其弱点被广为传播时，又极易使股价暴跌。

（2）选择公司资本额较少的股票作为进攻的目标。因为资本额较少的股票，一旦投下巨资，容易造成价格的大幅变动，投资者可通过股价的这种大幅波动来获取买卖差价。

（3）选择那些改组和重建的公司的股票。因为当业绩不振的公司进行重组时，容易使投机者介入股市来操纵该股，从而使股价出现大的变动。

（4）选择新上市或新技术公司发行的股票。这类股票常令人寄予厚望，容易导致买卖双方加以操纵而使股价出现大的波动。

由于投机股极易被投机者操纵而人为地引起股价的暴涨与暴跌，一般的投资者需采取审慎的态度，不要轻易介入，若盲目跟风，极易被高价套牢，而成为大额投机者的牺牲品。

五、蓝筹股投资策略

蓝筹是指赌场上资本雄厚、有实力者所持有的一种赌博筹码。蓝筹股又称蓝宝股，泛指实力强、营运稳定、业绩优良且规模庞大的公司所发行的股票。

1. 蓝筹股的特点

蓝筹股的投资报酬率相当优厚稳定，股价波幅变动不大。经常的情况是，其他股票已经连续上涨一截，蓝筹股才会缓慢攀升；而当空头市场到来，投机股率先崩溃，其他股票大幅滑落时，蓝筹股往往仍能坚守阵地，不至于从原先的价位上过分滑降。

2. 对应蓝筹股的投资策略

虽然持有蓝筹股短期内可能在股票差价上获利不丰，但以这类股票

新手炒股入门十日读

作为投资目标，不论市况如何，都无须为股市涨落提心吊胆。而且一旦机遇来临，却也能收益甚丰。对于缺乏股票投资手段且愿作长线投资的投资者来讲，蓝筹股投资策略不失为一种理想的选择。因此，一旦在较合适的价位上购进蓝筹股后，不宜再频繁出入股市，而应将其作为中长期投资的较好对象。长期投资这类股票，即使不考虑股价变化，单就分红配股，往往也能获得可观的收益。

六、循环股买卖策略

循环股是指股价涨跌幅度很明显，且一直在某一范围内徘徊的股票。

循环股一览表能反映出股价的涨跌幅度和范围，投资者可根据公司的营业报表确定出循环股的买点和卖点。对应的买卖策略是趁跌价时买进，趁涨价时卖出。实施此项策略的关键是有效地发现循环股。

采取循环股买卖策略时，应尽量避开以下三种股票：

(1) 成交量小的股票。成交量小的股票常会碰到买不到或卖不出的情形，所以也宜尽量避免。

(2) 股价循环间隔时间太长的股票。间隔时间越长，资金占用的成本越大，宜把股价循环的时间限在一年以内。

(3) 股价变动幅度较小的股票。因为波幅较小的股票，纵然能在最低价买进和最高价卖出，但扣除股票交易的税费后，所剩无几，因而不是理想的投资对象。

七、偏高做手股投资策略

偏高做手股是指由于人为炒作而使股价明显偏高的股票。

这类股票涨升状况有时脱离常理，因此股价的规律也较难以捉摸。对应偏高做手股的投资策略是：除了熟悉内幕的经验行家之外，最好不要受股价暴涨的诱惑而轻易介入买卖，但在其股价盘整之后的涨升之初,仍可以小额资金短线抢进,但若遇主力撤离股市使该股转为跌势之时,则要迅速忍痛卖出所持股票。千万不可期望反弹再卖,以免被高价套牢而蒙受更大损失。

八、迅速发展型公司股票选择策略

迅速发展型公司是指开始时规模往往比较小,但活力强,年增长率在20%以上。投资者如果选择恰当,股票价格会出现上涨十倍,几十倍的趋势。

只要是迅速发展型公司,而且仍在继续发展,其股票就有利可图。但要注意迅速发展型公司,不会永远迅速发展。当然,投资发展迅速型企业的股票有很大的风险,尤其是那些热情有余,资金不足的年轻企业一旦资金不足就会出现麻烦,甚至会出现破产的结局。一旦出现这种情况,其股票价格就会出现下跌。

九、发展缓慢型公司股票选择策略

发展缓慢型公司,其增长速度一般在10%以下。一般来说大型公司和陈旧型公司的增长速度都不是很高的。

发展缓慢的公司总是定期慷慨地付股息。公司想不出新办法用资金扩大生产时,就会慷慨地付股息。这是保持公司信誉的好办法,因为付股息还能证明企业是有收益能力的。

关于何时抛售发展缓慢型股票应根据投资者的投资策略而定。对于敢冒风险的短期投资者来说,一旦发现持有发展缓慢型股票时,应立即抛出,从而进行风险较大的发展迅速型股票的投资。而对保守型的长期投资者来说,因该类型的股票可避免投资的风险,而且可以从股息中获得收益,所以不一定要急于抛售。

十、稳健适中型公司股票选择策略

稳健适中型公司的增长速度一般在 10%～12%之间，多是一些大型公司。该类型公司的增长速度远比不上迅速发展型公司，但比发展缓慢型公司的增长速度要快。因为这类公司一般都不会破产，有能力渡过危机，使公司恢复起来。投资者选择该种类型的股票，往往有一种安全感，但不能指望这类公司像迅速发展型公司股票那样，获得更多的收益。

十一、周期起伏型股票选择策略

周期起伏型公司的股票最能迷惑人心。不谨慎的投资者最容易在这种股票上赔钱折本，同时还自以为买进了保险的股票。因为周期起伏型的大公司规模大、知名度高，自然和可靠的稳健适中型公司混在一起。

要做周期起伏型公司的股票投资，关键在于及时发现该公司萧条或发展的早期迹象。周期起伏型公司的增长速度没有稳定的比率，它的销售和利润情况无法完全预料。但也有一定规律可循，即呈现波浪起伏的规律。周期起伏型公司呈扩展—收缩—再扩展—再收缩的格局。周期起伏型的公司受外部环境中的政府政策影响很大。

十二、可能复苏型股票选择策略

如果投资者想要选择可能复苏型公司的股票，就要首先考虑公司是否有改进局势的计划，改进的计划是否切实可行，再注意观察财务收支情况有没有显著改变。如果注意到这些问题，就能从可能复苏公司股票中得到一般人所意想不到的收益。因为，可能复苏型的公司一旦复苏，这种公司的股票将有很大的收益。

十三、资产隐蔽型公司股票选择策略

如果投资者希望选择资产隐蔽型公司的股票,那就首先考虑哪些资产是隐蔽型的,其价值是多少。资产隐蔽型公司指的是它资产的存在和资产的实际价值没有引起绝大多数人的注意。这种资产,可能不只是一笔现金,有时可能是房地产或是将来待发展的行业。

十四、个股买卖策略

个股买卖策略是投资者买卖个别股票的方法和技巧。从事股票投资,对于买卖时机的掌握,除了要看准大势外,还必须对个别股票进行最优的选择。

一般来讲,对个别股票的买卖应掌握以下要点:

(1) 股价远低于其他同类股票,而业绩又不差者,可买进。因为没有太多的人炒作而价位又太低的股票,只要耐心等待,总会出现市场主力介入而使股价拉升的时机。

(2) 当公司方面大笔转出股票给市场主力时,宜买进。因为转进股票的市场主力,大多会操纵股价向上调整。

(3) 董事、监事股权不足,又未卸任,而必须在市场补货时,宜买进。因为这时股票价格亦较低廉。

(4) 公司若要现金增资,在除权认股前,宜买进。尤其是价位徘徊在面额边缘的股票宜买进。

(5) 当利多出现且价位已高时,宜卖出。因利多出现时,也是在较高价位上最好脱手的时机。

(6) 董事、监事购买股权结束后,宜卖出。因为不再争夺股权,就缺少强劲接手,很可能先前吃进的股票还会回吐出来,这样就必然使股价出现下滑。

十五、认股权证投资策略

认股权证是上市公司给特定投资对象印发的承诺证书，持有者凭此证有权在指定的时间内，以指定的价格，向发行公司认购指定数额的股票。

对应的买卖认股权证的策略是：当预测普通股的价格在短期内存在着上升趋势，且认股权证的市场价格处在其内在价值附近或低于其内在价值时，可以加码购进认股权证，因为随着股价的升高，认股权证的内在价值也随之增大，故而认股权证的价格也必将随之升高。当预测股价在短期内存在着下降趋势时，则应考虑适当卖出部分认股权证。如果是大跌市即将来临，则应全部抛出认股证，以避免可能遭受的毁灭性损失的厄运，因为在一个股价处于大幅下跌的市场里，持有认股权证往往比持有普通股票遭受更大的损失。而且对于任何一个财务健全和实力雄厚的股份公司来讲，只要普通股的价格低于配股价或换股价，认股权证就会变得一文不值。因此，准确地预测普通股价格的变动趋势，是有效地买卖认股权证的策略关键。

十六、股票投资组合策略

股票投资组合策略是投资者依据股票的风险程度和年获利能力，按照一定的原则进行恰当地选股、搭配以降低风险的投资策略。

分散投资主要包括以下几点：

(1) 投资行业的分散，即不集中购买同一行业公司的股票，以免碰上行业性不景气而使投资人蒙受损失。

(2) 投资时间的分散，可按派息时间岔开选择投资。因为按照惯例，派息前股价往往会骤然升高，即使购买的某种股票因利率、物价等变动而在这一时间遭遇公共风险而蒙受损失，还可期待在另一时间派息分红的股票身上获利。

（3）投资公司的分散，不把全部资金集中购买某一公司的股票，即使公司业绩优良也要注意适当的投资分散。

（4）投资地区的分散。由于各地的企业会因市场、税负和政策等诸因素的影响，产生不同的效果，分开投资，便可收到东方不亮西方亮的效果。

股票投资组合策略的基本原则是：在同样风险水平之下，投资者应选择利润较大的股票；在相同利润水平的时候，投资者应选择风险最小的股票。股票投资组合的核心和关键是有效地进行分散投资，因为通过分散投资，将投资广泛地分布在不同的投资对象上，可以减低个别股票风险从而减少总风险。

总之，只要在进行股票投资中能有效地进行投资组合，就能在降低风险的同时，获取较大的收益。

十七、保守型投资组合策略

保守型投资组合策略是投资者以选择较高股息的股票作为主要投资对象的股票组合策略。保守型投资组合策略的资金分布是将80%左右的资金用于购买股息较高的股票，以领取股息与红利，而只将20%左右的资金偶作投机操作。保守型投资组合主要适宜在经济稳定增长的时期采用，但在经济结构的转型与衰退期要谨慎使用。

十八、投机型投资组合策略

投机型投资组合策略是投资者以选择价格起落较大的股票作为主要投资对象的股票组合策略。由于这种组合方式的投机比重很大，故称作投机型投资组合策略。

由于此种方式的买卖进出较为敏感，因此经常能在股价上涨之初，买到日后涨幅很高的黑马股票，给投资者带来极为可观的差价收益，而见跌卖出的结果，也能在股价持续下跌时，不至于亏损太多。采用投机型投资组合策略的投资者通常以"见涨抢进、见跌卖出"的追价方式买卖股票。投机型投资组合策略不适宜于初涉股市的投资者，中小额投资者应谨慎使用。

十九、股票投资期限选择策略

股票作为一种永久性的有价证券是无所谓期限可言的，这里所讲的股票投资期限是指投资者持有某种股票的时间长短，可将投资分为长期（线）投资、短期（线）投资和中期（线）投资。

股票投资期限选择策略是投资者根据各种市场因素和投资期望值来合理确定持股时间长短的策略和方法。

选股的绝招

一、股票操作的五大要素

股票操作的五大要素是决定操作成败的最主要因素，把这五大要素融会贯通，熟能生巧，操作绩效肯定会大幅提升。这五大要素分别为：位置决定力量的大小、时机体现价值、形势是变化的枢纽、市场机能决定爆发力、价值是追随自然法则的。这五大要素要融会贯通，需要市场的不断历练。理论只是历练的初步而已，一般人的历练从技术训练开始，逐步升级到复杂的变化。另外价值的体现不但需要靠题材，更重要的是要靠时机。时机错，一切都错，因为股市是机会财，同样的题材，一周前和一周后股价相差50%，就是因为时机不同，所以时机是体现价值的最根本原因。但是时机是无形的，必须通过形势来具体化，因此形势非常重要。如果对于形势做好技术分析，对于价值做好基本分析，还必须注意到市场的动态和市场的机能，但市场的机能有一个极限，那就是自然法则。所有的价值到最后都要回归自然。

二、选股要有本体观

选股的本体观，就是从根本结构的角度来选股。除了价值观和全球观以外，本体观也是一个很重要的观念。股价的涨跌表面看起来有点随机性，但是背后往往隐藏着根本结构。

本体的境界，基本上是一个感性为主的境界，它需要约1/3的理性，而其余的2/3，则主要靠感性和直觉，才能深入其境。所以投资人最大的差异不在理性的差异而在感性的差异。

三、长线选股的眼光

一般人因为缺乏长线选股的眼光，都偏向于短线操作。短线操作主要是追随消息面的变化而买进卖出，少部分短线操作者，对于形势的判断比较有心得，还能获利，大部分的短线操作者都因为急于获利而变成欲速则不达，最后都以亏损出场。只有培养长线选股的眼光，才能矫正短线急于获利的心态。

四、心态与股性

一般人对于自己的操作心态缺乏客观的认知，心态错误时调整不过来，所以失去了很多机会，甚至于造成很大的失误。如何把心态调整到跟股性合拍，是操作获利的关键之一。

股市是由多元的复杂变数组成的,准确预测十分困难,因此预测失误在所难免,但是失误时如果无法及时修正,那就无法扭转失误赚大钱。要及时修正,最大的关键在于调整心态,心态调整到跟股市合拍,或跟个股股性合拍,才能转危为安,转亏为盈。

五、形势与策略

形势与策略是股市操作的两大基础,只懂形势不懂策略,无法预知未来长线的发展;只懂策略不懂形势,对短线会失去敏感度。操作规模很大的人,有独立造势的能力,只要精通策略即可,而对于一般投资人,最好两者都要精通。

六、股市的时间结构

机会是很难把握的,机会有大有小,大机会出现时往往出乎大家预料之外,小机会出现时很容易误以为是大机会。在战场上要把握战机,在股市要把握商机,只有善于把握机会的人,才能充分利用形势。

股市的价值和价格有时相差很大,有时相差很小,是什么原因造成差别的大小?关键在于其本质,任何东西都有阴阳两面,其背后的本质都不一样。股市亦然。股市的空间结构是其阳的一面,股市的时间结构是其阴的一面。空间结构表现在价格与价值的变动,时间结构表现在长期与中期的变动,空间结构是一般人很容易理解的一面,而时间结构对一般人而言,是相当神秘的一面。

七、股价变化的心理因素

巴菲特说:要减少失误率,最好的方法是减少打击率。因此操作不顺时,不但要停损,还要减少操作频率,才能扭转心理的劣势。心理分析不像价值分析那样有数据当基础,不易作客观分析,分析起来相当吃力。但是如果不能克服这一关，绩效起伏会很大，如果克服这一关，绩效就会相对稳定。投资是把数据转化成财富。很多人无法顺势操作，主要原因是心理处于劣势，对于趋势的后续发展视而不见或看不清楚，只好消极地观望，等到后来趋势明朗化时才恍然大悟，但机会也消失了。

心理分析是很难进行的，它处在成败的中间、得失的中间、有无的中间，扮演着举足轻重的角色。如果做不好心理分析，就很难自知与自胜。

八、管理自己

管理别人是把员工管好，以提升生产效率；管理自己是把自己的心态调整好，以提升操作效率。做生产事业，主要是管理别人，做股票操作，主要是管理自己。但在股票操作中，管理自己的理论和训练却非常缺乏，所以输家占大多数。如何把自己管好，确实是股票操作很重要的因素。

要把自己管好并不容易，因为大部分人发现错误都在事后，都是在损失之后才反思出来的，才能把自己管好。否则学再多理论，听再多消息，也无济于事，只是徒增困扰而已。要把自己管好，就要先定位好，定位好之后才有定力，有了定力才能排除各方面的干扰，才能冷静地在股市中运作。

九、如何培养直觉

直觉是大部分人股票操作的最主要依据，但是直觉有时候很准，有时候不准，因此单凭直觉太冒险了。其实要培养直觉并不困难，但方法比较特殊。培养理智是开发左脑，培养直觉是开发右脑。一般人的右脑利用程度都远低于1%，换句话说，右脑还有99%的空间未被利用。只有用右脑来处理事情，才会有顺流而下的快感，如果用左脑来处理事情，往往是逆水行舟，很吃力并且干扰很多。

选股离不开"三化"

原材料价格的大涨，造成有色金属和贵金属的相关概念股全面大涨，这就是选股国际化的策略。黄金股出现大波段的上涨，不少个股从底部算起已涨到底部的5倍以上，如中金黄金的低点是5.6元，结果涨到28.9元才进入整理。一直具备本体性观念的人才能把握整个大波段。选股及操作要懂得三大策略，它们是操作成败的关键性因素。

在沪深股市与国际接轨的过程中，选股要懂得三大策略：国际化、产业化和本体化。国际化表示选股要有国际化眼光，产业化表示选股要深入了解产业未来的变化，本体化表示操作要有大环境的概念。

沪深股市国际化的速度非常快，是因为中国在经济全球化过程中的积极参与。虽然以经济全球化的程度来看，芬兰和爱尔兰是数一数二的，但是经济全球化的两个关键性大国却是美国和中国。不管是国际化或产业化的眼光，都要有一个本体化的思维能力，才真正具有前瞻性。但是本体化的思维是很难培养的，因为一般人习惯于现象式的思维，对于非常抽象的本体性思维，总觉得太空洞，太不着边际，缺乏可靠的数据基础，臆测成分太高。原材料大涨对于生产这些原材料的公司而言，是一个大转机，业绩皆在2006年第一季出现戏剧性的变化。只有具备国际化的眼光，才能在2006年第一季业绩大幅成长之前提前布局，等第一季业绩公告时，股价已大涨几倍。所以股市总是提前反映绩效，只有具备前瞻性的眼光才能在股市里顺利得到自己想要的成绩。因此，选股要有产业的前瞻性眼光，不要一直局限于现有的财务数据。

一般人对于股市的变化，总喜欢作对现象的解释，无法深入根本了解，但因股市变化太快，对现象的解释就必须不断修正，反而容易乱了方寸，只有从大环境来深入根本了解才能谋定而后动。

炒股的绝招

许多老股民在股市里拼搏了很多年，在实践中总结出了很多经验，把这些经验归纳起来就变成了一种"绝招"，其实这些绝招万变不离其宗，具有一定的规律，相对而言，严守这些"绝招"，势必让新股民在股市里少走弯路，有所收获。

一、每年只买一次股票

股民最好每年只买一次股票，卖一次股票。从历年的经验看，中国股市每年大体只有一次比较大的涨幅，所以炒股赢利的机会也只有一次。如果说还有第二次上升机会的话，那基本上也是一波小反弹。第三次机会几乎不存在。因此，为保险起见，股民最好不抢小反弹。一旦抢不好，就会前功尽弃。如果适当地参与小反弹也可以，但是不要全仓介入，可以买少量试试。此外，如果不慎全仓杀进股市，遇到大势不好时，一定要迅速退出，保住仅存的胜利果实。实在不行，止损、割肉也必须出局。

二、三年波段循环

从中国股市发展历程观察，基本上是三年左右为一个波段循环周期。波段的升降各完成一个循环，又进入一个新的波段循环，为期三年，之后又进入下一个三年左右的波段循环。因此，股民要在三年左右的波段循环周期内炒好波段。

三、注意五年一换届的影响

掌握五年换届影响股市的规律，是炒股的一个绝招。事实证明亦如此。比如，1992年党的十四大召开后，1993年2月沪指创新高1558点。之后到1995年再没有特大行情。又如，1997年党的十五大召开前夕，沪指走到1510点，深成指创了新高6103点，深成指的纪录至今没有打破。再如：1998年九届人大开完后，新领导层的施政效果在2000年、2001年显现，所以股市为此走出了特大牛市，沪指创新高2245点。但是，行情再如何发展，又要等"新5届"施政的效果。所以，2002年党的十六大召开和2003年十届人大召开，股市基本处于蓄势待发状态。在2005年筑底，2006年出现了一年的上升行情。

因此，每当五年换届后，新的政策，新的领导层都会对股市产生新的影响。这种影响当年不会马上体现，因为新的施政措施和效果需要在次年或后年显示。之后又慢慢消退，等待下一个五年的换届。

以上可见，从党的十三大到十六大，从八届人大到十届人大，党中央、国务院对股份制的战略提法不断深入，特别是在肯定股份制的作用及好处方面大大前进了一步；同时，"积极"二字也多次出现，表明管理层推动股份制、股市发展的决心。因此，掌握五年换届影响股市的规律，是炒股的一个绝招。

四、炒低不炒高

尽管某公司今天有题材，有业绩，但是其股价处于高位是非常危险的，今后想解套很难。如果股价高达 50 元以上，则更危险。而 5 元以下的低价股则风险相对要小。即使跌到 50%以下，2.5 元的股价再咸鱼翻身是完全可能的。从股市经验看，低价股也容易窜出大黑马。高价股则很难出现大黑马。所以，炒低不炒高非常重要。

五、炒新不炒旧

一般讲，老股都被爆炒过，上涨的动力自然不足，有的爆炒后几年都无行情，所以炒股一定要以新股为主。特殊情况例外，弃旧图新、喜新厌旧是一种规律，炒股亦如此。

六、炒短（波段）不炒长

由于上市公司业绩不稳定，许多公司是"一年优，二年平，三年亏，"，再加上股市各方面还要进一步规范，还没有一个始终保持稳步上升的股票股价。所以，一般讲，如果短期内获利，应该落袋为安。但是，每年股市都会有一个波段行情，一年一次波段可以算是短期，时间大约为 2 到 5 个月。因此，一年炒一次波段即可。从此角度讲，炒短不炒长的另一个理解是炒"波段"不炒长。

七、炒小不炒大

从历史上看，翻倍的大黑马基本是小盘股。一般讲，流通股在 8000 万以下的小盘股，价格合适的股票，庄家易于控盘。所以，应该多关注小盘股。但是，如果价格已经抬高，就不宜进入。

八、炒冷不炒热

如果某股曾被作为热点炒过，原则上几年就不再炒作。如果某股热点形成，股价连续上升，处于高位，最好不要跟风炒作。跟风炒作大部分失败而归。炒冷是比较保险的，冷股，往往是庄家战略股，蓄势待发。

九、炒亏不炒盈

关注亏损股，冷落盈利股。即：风险越大，盈利也越大。风险越小，盈利也越小。但是，炒亏损股，风险极大，但盈利也极大。因此，必须把握以下几个原则：

（1）亏损公司有资产重组概念和具体行动。其股价跌到2元以下，风险相对较小。而股价介于3到4元，可以关注。股价超过6元以上，原则上不再理睬。

（2）一旦发生不测，遭遇亏损股退市，也不要过于恐慌。现在开辟了股份代办转让市场，即俗称的三板市场。在那里，退市的股票依然可以按其规定转让。转让的股价有时也会让投资者瞠目结舌。

（3）对事关国计民生、国际影响大、涉及面宽、政府背景深的亏损股可关注。因为此类股票如不能扭亏为盈退市的话，会在股市，甚至社会上引发一系列连锁反应。所以从稳定大局出发，此类亏损股政策给予优惠而扭亏为盈的概率机会增加，介入此类亏损股安全系数高。

（4）因为炒亏损股要冒极大风险，所以，投资者最好远离亏损股。要有亏本的心理准备。

炒亏不炒盈，有特定含义、基本原则和具体的随机应变的炒作方法。如果没有对巨大风险的承受能力，也没有深刻领会其特定含义，又没有掌握其基本原则和随机应变的炒作方法，投资者还是以不炒亏损股为最好。

十、炒转、不炒弹

反转、反弹概念对了解和掌握大盘而言尤为重要。

反转：股市用语。股价朝原来趋势的相反方向移动，分为向上反转和向下反转。

反弹：股市用语。反弹是指在下跌的行情中，股价有时由于下跌速度太快，受到买方支撑面的影响暂时回升的现象。反弹幅度比下跌幅度小，反弹后恢复下跌趋势。

炒转：炒转，即行情趋势反转上升。如果大盘经过长期盘整，底部已经夯实，一旦行情趋势反转上升，股民假如没有在第一时间建仓也无碍大事，迅速在第二时间建仓跟进也不晚。也就是说，在股市行情反转上升时，什么时候买都是对的，什么时候卖都是错的，当然越早介入越好。

不炒弹：如果大盘经过长期上升，动力衰减，一旦行情趋势反转，由上升转为下跌，股民假如没有在第一时间平仓也无碍大事，迅速在第二时间平仓也不晚。也就是说，趋势下降，什么时候卖都是对的，什么时候买都是错的，而且原则上不抢反弹。这就是"不炒弹"的意思。

如果高位追进，则前期胜利果实化为乌有。暂时踏空一次也无大碍。假如正好抢到反弹点最好。但是事实证明，一般人侥幸抢反弹的成功率只有1%左右。本来顺利逃顶获利，结果"炒弹"套牢亏损。

十一、关注四季节气

炒股是一种投资经营活动，所以也离不开春播、夏长、秋收、冬眠这四个阶段活动的规律。股民在炒股中，要唱好"春播、夏长、秋收、冬眠"的四季歌。从我国股市升降的规律看，盘体一般也是从3、4月份开始复苏，此时是股民春播建仓的机会。6、7月份，盘体阳光高照，资金人气十分活跃，股指基本走到高点。此时是股民随时平仓夏收的机会。9、10月份，盘高气爽，各路投资者运作一年后都准备年底算账，股指开始回落。此时是股民及时落袋为安的最后机会。11月份到次年1月份，主力及各路投资者的资金入账，刀枪回仓，股市进入冬眠态势，此时股民也应进入冬休状态。因此，股民在炒股时也要注意四季的节气。

十二、6月最关键

6月最关键，是指每年的6月份左右是股市的重要转折月份。事实证明：我国股市从1990年发展至今，只有1996年和2006年6月以后的10月份有一波较大的行情，其余年度的6月份以后，股市大体多是处于下跌态势。如果将"6月份左右"的概念向左计算，就是从5月算起，则中国股市发展多年年中，6月份开始下跌的次数比较多。

主要原因是：

(1) 主力一般是在年初将资金投入股市，经过半年的拉升运行，主力资金基本用光，获利的空间已经确立。其他股民也大体如此。因此，主力和各路股民都在盘算如何平仓获利了结。因此，6月以后的大行情很难发生。

(2) 上市公司和各种经济单位的投资经营活动从年初启动到6月份左右，基本进入高峰。时间过半，任务是否过半，根据中期半年度报告，大致心底有数。所以，6月前后开始，制定下半年的炒股战术尤为重要。

(3) 宏观面的宏观政策和具体措施基本在上半年出台完毕，因此不大可能再出台什么新的政策和举措。管理层的任务是从6月份左右开始，着手准备制定下一年的宏观战略。所以宏观面体现出平稳运行的态势。

可见，每年的"6月最关键"对股民有重要的参考价值。

十三、完整的十年周期

股市每十年左右为一个完整的循环周期，之后进入到下一个十年新的循环周期。比如，一个年代以十年为起点终点，各种纪念日逢十年大庆一次，各种规划以十年为一个周期，人生每逢十年则进入一个新阶段，等等。股市也不例外。因此，2010年、2020年、2030年……股民们都应特别关注每个十年的完整周期。

十四、分分合合的规律

不管是什么股票，有什么好业绩、好题材支撑，上涨到一定时候，特别是长期处于上升通道中，必然有下跌的时候。而且涨有多高，跌有多深。反之，不管是什么股票，下跌到一定时候，特别是长期处于下跌或横盘通道中，必然有反弹或反转的时候。而且横有多长，竖有多高。可谓：分久必合，合久必分。

十五、八仙过海，各显其能

八仙过海，各显其能，是指股市中高人很多，各有各的高招。具体到投资者使用哪种方法炒股，要根据自己的实际情况而定。由于每个股票形态不同（公司基本面、股价、成交量等），每个人情况不同（实战经验、心理状态、资金多少、信息收集分析程度、年龄、精力等），所以，高招要因股制宜，因人制宜。不要死守一种方法炒股，也不要轻易否定别人炒股的方法。最好是在炒股实战中，自己总结一套适合自己炒股的战略战术，也加入到八仙过海，各显其能的行列中。

第六日

短线操作技巧

每个股民都希望在最短的时间里获取最大的利益,这就需要有一个"安全第一,赚钱第二"的方法,利用股票短线操作手法,胜算的把握比较大,从而积少成多,使账户资金快速增加。

新手炒股入门十日读

短线操作的条件

我国股市作为一个新兴的市场，股价的暴涨暴跌为短线投机者提供了极好的短期致富机会，成就了不少股民一夜暴富的梦想。股市中的短线操作，通常是指持股时间较短（最长不超过三个月），甚至是几天内买进卖出，获取差价收益的交易行为。从本质上看，这种短线操作是一种投机行为，当然也带来了极大的风险。因为短线机会往往稍纵即逝，一旦失误，要么斩仓割肉，要么投机变投资，在套牢中备受煎熬。事实上，要在短线操作中做到百发百中，是没有可能的。就我国股市的实际情况来看，进行短线操作的股民占了相当大的比例，即使在实行涨跌幅限制的情况下，只要认准了行情，踏准了节奏，也可以在短期内使手里的资金增幅较大。短线操作的诱惑力和刺激性丝毫不亚于赌场。可是，收益与风险是呈正比例关系的，在股市中亏损面最大的也正是进行短线操作的交易者。要想在短线操作中制胜不仅需要良好的心理素质和敏锐的市场感觉，还要有丰富的股市经验和高超的操作技巧。

一、抓住主流热点才赚钱

随着股市盘子的扩大，早期那种个股与指数齐涨共跌的局面已不复存在，代之以热点板块的轮涨，这成了波段行情的主流。由于市场增量资金的相对不足，当高价股、绩优股成为热点时，30指数和深成指数就会下挫。反之，当低价股、资产重组股成为热点时，上证指数和深综指数就会上扬，高价股就成为平仓的对象，30指数和深成指数就会下挫。于是，上证指数、30指数、深成指、深综指这四个指数板块，就经常像跷跷板那样地此起彼伏，此消彼长，遂形成了股市的短线机会。获利的关键就在于及时调整操作思路，抓住市场热点。

在紧跟市场热点的同时，对不同热点板块采取不同的操作策略。进行短线操作，必须顺应热点，知盘识变。

(1) 低价垃圾股最容易产生超级大黑马。对于那些走势独立于大盘和同类个股的典型庄股，只要没有破坏上升通道，则可一路持股待涨，一旦放量跌破上升通道，立即止损出局。

(2) 低价垃圾股、网络股的炒作往往没有明显的征兆，这就需要提前设好止损位，一旦看走眼，及时止损出局，不可恋战。

(3) 对于那些高价绩优或行业前景欠佳的绩优股，最好也不轻易碰，对各类热点只有紧跟龙头股，才能获取最大的收益。

(4) 高科技股要区别对待。对于国家政策重点扶持、前景看好的重量级高科技股，只要K线图转好，随时可以买入，即使短期被套，只要坚定持有，中线必有丰厚回报。而对那些产品技术含量不高、或业绩欠佳、或大起大落的"假冒伪劣"科技股，则最好少碰为妙。

(5) 国企大盘股由于流通盘大、市场形象差，往往采取震荡盘升、一波三折的方式进行，这就需要有耐心，不轻易追涨。

热点的形成，往往与主力、庄家的行为有关。主力在建仓时，通常采取打压股价的手段，在这一个过程中，主力充分利用人们的心理弱点，引诱散户追涨杀跌，使跟风者最终只能割肉或被套。显然，进行短线操作，必须紧跟市场步伐，认识和把握市场热点，踏准波段性的节奏，才能因势利导，赚取收益。

二、短线操作的理论依据

实际上，股价的涨跌并非无迹可循，而是有其自身的内在运行规律

新手炒股入门十日读

和特点的，作为一个理性的投资者，应该对其有深刻的理解，才能在实际操作中做到有的放矢，尽量减少失误并提高成功的概率。波浪理论认为，股价的运动变化呈现出一定的周期性，周而复始，无限循环。这种自然规律体现在股市中，就是股价在上升的趋势中有回调，在下降的趋势中有反弹，且股价运行的每一上升周期或下降周期都由8浪组成，其中5浪为主浪，3浪为调整浪。每个波浪又可细分为若干子浪。8浪循环构成了一个完整的市场周期。而每一个波浪所形成的价差，都是进行短线操作的极好机会，也是短线操作的重要理论依据。在实际操作中，能踏准股价运行节奏的投资者总是少数的。业绩再好的绩优股也有下跌的时候，买入时机判断错误，照样深度套牢；而业绩亏损甚至资不抵债的垃圾股，买入时机得当，也能获取丰厚的收益。

短线出击的操作要点

　　短线操作的特点，就是以追逐市场热点为核心，以快进快出的操盘手法，根据盘面的变化及时调整持仓量的大小和投机的方向。在操作过程中，应重点突出一个"快"字。首先是对盘面所隐含的信息反应快，做到先人一步；其次是眼明手快，抓住热点速战速决，决不恋战；再次是善于止盈，见好就收。同时，短线操作还要突出一个"狠"字。一旦发现绩差垃圾股行情启动，敢于满仓操作。因为此时这类股票价格极低，短时间风险不大。当股价运行到目标价位或趋势逆转时，要坚决抛出，果断了结，不存侥幸心理。

　　具体而言，短线出击必须掌握以下操作要领。

一、追踪强势股

所谓强势股，也就是市场上所说的牛股，一般是指股价持续上涨，能给投资者带来极大短线收益的股票。

强势股具有以下几个明显的特征。

1. 伴有巨量的出现

当某只股票从底部走出进入到上升通道并且成为大牛股必须要有成交量的配合，这是股市中的一个常识。有成交量的股票才会出现持续的上涨，否则只是超跌反弹而已。

在股市交易的过程中，量比放大的股票常会有较大的行情出现，它对牛股的形成往往起着先导性的作用，这常会成为在盘中寻找黑马的重要指标。判断黑马股本身必须与量比结合起来。就一般情况而言，当天量比放大至三倍以上的股票，第二天一般仍将会有较大的上涨机会。在选择黑马的过程中，研究量比的变化极为重要，它往往可以省却许多时间。在实践上常会发现不少股票看上去技术形态较佳，但没有成交量的配合，常会出现虎头蛇尾的走势，其上涨得不到成交量的配合，一旦主力进行抛压，股价就会呈现较大的跌势。在管理层加强监管和市场走向规范的大背景下，成交量的变化更成为投资者捕捉黑马的重要依据。

2. 有上升斜率

上升斜率与下跌斜率属于股市中常见的一种情况。当某只股票进入上升斜率后，一波强劲的升势即将展开；而当某只股票出现下跌斜率后，其短期内常出现较大的跌幅。上升斜率与下跌斜率常是股价质变的起点。从牛股产生的规律看，必须要有较斜的上升通道，一旦上升通道形成后，个股将会呈持续上涨的势头。这就是为什么常会在一段时间内出现暴涨的个股。

3. 股价始终创出新高

作为牛股的最大的特征在于高点在不断地上移，新高不断地出现，使得其上档压力会显得很轻，而跟风者却有一种高处不胜寒的感觉。尽管众多的投资者不敢轻易介入，但牛股却始终在创出新高。

事实上，在股市中，黑马与牛股应该说有相似之外，但也有区别。相似之处在于两者均属于强势的品种，而且都在走上升通道，但仔细判别其中还是有差别的。主要的差异在于以下几方面：其一，黑马常是广大投资者所意想不到的品种，由于其原来属于弱势股，一旦上涨并不轻易回头，则易构成黑马的特征；而牛股本身有一种较高的市场预期。其二，黑马的上升斜率常会大于牛股，黑马常会在极短的时间内表现出暴涨的行情，相比之下，牛股中有许多股票的上升斜率不如黑马。从这一角度而言，黑马的短线盈利的快捷性要远超过牛股。从股市实际情况分析，不少股票在极短的时间内所出现的暴涨，在很大程度上属于黑马而非牛股。其三，黑马短期的成交量会大大超过一般意义的牛股。黑马的短期成交量常会与其股价一样呈暴涨之态，不少黑马的成交量常在一周内的换手率达到100%。这种短时间的积极换手使某只股票表现出非理智性的炒作特征。

二、平衡市中强势股的选择

在平衡市中，存在着非常多的机会，也会有不少股票率先启动，强势上涨。一旦抓住这样的股票，投资者将有不小的收益。能在平衡市中找到强势股要具有以下的条件：

(1) 应在当日开盘涨幅前50名之中去寻找；

(2) 选在开盘后半个小时量比靠前的股票；

(3) 选在震荡洗盘后的主升阶段；

(4) 选择有明显的底部启动，成交量又有明显连续放大的股票；

(5) 选在股价的最后拉升阶段；

(6) 应在中期均线系统已开始转为上升的股票中寻找；

(7) 应在走出上升趋势的股票中寻找；
(8) 选在 RSI 指标在 50 以上获得支撑时跟进。

三、捕捉异动股

证券市场有多少只个股，就有多少个庄家。只要我们细心留意盘面，便会发现许多股票常出现异动的现象，有的在建仓，有的在洗盘，有的在拉高，有的在出货，如果我们能及时地发现这种异动，果断出击，就能把握住短线机会，这通常与庄家的动作行为有关。最为极端的是涨停板或跌停板的出现，这种极端的异动往往意味着后市的巨大升幅，及时跟进，必然收益丰厚。

四、把握买卖良机

进行短线操作，选时机比选股更重要。技术分析是进行短线操作的有效武器，K 线分析、切线分析、形态分析、波浪理论分析、技术指标分析等都是研判买卖时机的重要手段。下面着重介绍股市实战中把握买卖时机的相关操作技巧。

1. 上下通道战法

上下通道战法，即利用股价运行过程中形成标准的上下通道，经过技术面约束而展开高抛低吸的操作方法。通道战法的特点是操作信号明确，实施手段简单。其实施的要点是重点关注其成交量变化是否呈递减状态。

2. 震荡箱战法

股价经过较长时间的运行在某一特定价位形成较大的压力而无法上行，而下行到前期低位又遇逢抄底盘介入而逐步上行。K 线图上形成上有明显压力位下有确切支撑位的箱体整理形态。其中较为标准的则演变为矩形整理形态。

一旦确认震荡箱体形成，至少可展开一次有效操作。具体方法是股价上行到箱顶压力线时，只要出现成交量不能有效配合而股价走软向下时，果断"高抛"，而股价滑落到箱底支撑线时不急于介入，介入时机应选在企稳并开始小幅翘头时"低吸"。

研判标准：形态的压力线和支撑线在实际操作中非常明确。经常是一个确定的价位。形态运行中虽然成交量有时亦出现逢低递减的现象，但在该形态研判中对成交量的变化是否有规律要求并不严格。

3. 随机指标的实战应用

随机指标吸取了强弱指标和移动平均线的优点，简单易懂，且给出的买卖点明确，因而成为投资者常用的辅助指标。该指标通过对过去一段时间全部价格所处的相对位置做指标平滑，以此反映未来价格变动趋势。由于敏感性较强，运用于短线操作，常会收到较好的效果。

4. 相对强弱指标（RSI）的实战技法

RSI指标反映了股价变动的四大因素：上涨的天数，下跌的天数，上涨的幅度，下跌的幅度，因为它对股价的四个构成要素都加以考虑，所以在股价预测方面其准确度较为可信。RSI指标的一般用法：

（1）7日RSI值高于80，股价处于超买状态，6日RSI低于20，股价处于超卖状态。

（2）7日RSI在80以上进入超买区，在20以下进入超卖区，经常出现超买而不跌，超卖而不涨的情况，属于RSI发生钝化现象。

（3）7日RSI在80附近出现M头可以卖出，6日RSI在20附近出现W底可以买进。

（4）股价一波比一波高，RSI却相反一波比一波低，股价很容易反转下跌。

（5）股价一波比一波低，RSI却相反一波比一波高时，股价很容易反弹。

新股短线操作技巧

对投资者而言，若要获取短线的丰厚收益，操作新股是必不可少的一个环节。从沪深两市短线的炒作情况分析，新股的炒作往往具有较丰厚的收益，随着市场逐渐成熟后，对新股的炒作也开始逐渐以理性的方法介入炒作。

一、新股的炒作风险

新股的炒作风险远大于老股，老股在市场上经历了较长时间的交易，一般下跌的空间不会很大，而新股的下跌空间却难以想象。炒新股往往比炒老股更易遭受极大的投资风险。新股的高收益与高风险是相伴而来的。在高收益的同时，必然有高风险。

一般而言，持有新股者的期望值一般较高，新股往往以较高的价位开盘。一些不合理的新股包装常会导致其开出较高的开盘价，不少上市公司为了实现自己公司的形象，在上市前组织一批股评人士撰写宣传的文章，在投资者期望值大大提高后，以利于其高价开盘。

由于新股上市后市场上存在相当多的获利筹码，在其上涨的过程中获利者大多不会抛出，而在其出现较大幅度的回落时，获利者就会不计成本地抛出。这样就易形成极大的做空能量，一旦出现下跌，往往会比一般股票下跌的幅度大得多。不少质地一般的新股以较高的价位开盘，这样常会使盲目买入新股的投资者遭受较大的亏损。有的当天下跌幅度就达 10% 以上，届时若不果断割肉离场，则会遭受较大的损失。

新股的市场风险极易体现在新股大量上市的时期，这时整个市场都可能受到较大的影响。由于新股上市首日不设涨跌幅限制，价格的涨跌极难掌握，有时亏损的机会要超过盈利的机会。不少股民目前仍持有一些深套的股票，其中不少是上市当天买入的新股，这类新股高开低走后，以后几乎难有解套的机会。

新股的市场风险更多地存在于市场扩容对新股的影响。新股上市后不仅会对老股产生较大影响，而且对一些上市不久的次新股也将会产生重大的影响，这种威胁本身是由于大量的新股上市后，若新股的炒作一旦失败而在高位被套的话，其风险将会变得极大。

1. 新股的震荡性较大

新股具有较大的震荡性，特别是一些当天拉出大阴线的新股，以后几天常会有持续下跌的过程。而且若在上午买入新股而当天下跌的话，很可能当天就造成极大的损失。

2. 新股开盘较高极具市场风险

新股与老股完全不同，老股由于其沉淀时间较长，一般短线即使下跌，也常会表现出一种盘跌的过程。而新股的巨大风险却在于其价格的非稳定因素。由于原始股股东的获利较高，他们在其上市后采取开盘即抛的方法，而二级市场的投资者在接盘后，极希望在短期内获取较大的收益，一旦发现上涨乏力后，这常会成为其短线出局的重要原因，使新股表现为加速下跌的特征。

3. 新股对次新股影响

新股大量上市将会严重威胁到次新股的市场定位，一些上市后未被炒作的次新股常会具有较大的下跌空间，如果次新股在上市后的价位定得太高，一旦进入到盘跌阶段后，其市场风险显得特别大。特别在大盘处于顶部时上市新股，若不能及时出局的话，后市常出现极大的跌幅。

二、新股的价值判断与庄家炒新股手法

对新股的短线操作，首先应分析新股的炒作价值，必须了解庄家对于新股的炒作动向、意图和手法。而新股的炒作价值，则取决于庄家对于新股的价值判断，可以从以下几个方面来进行分析研判。

1. 看承销商的实力

由于承销商与上市公司关系密切，因此有时承销商就易成为该股的庄家，大机构中以南方证券、申银万国、国信证券、海通证券、湘财证券等实力为最强。应重点关注这些机构承销的股票。

2. 看上市公司的宣传力度

宣传力度越大，看好的人越多，庄家吸筹越难。以浦发银行（600000）为例，正由于相当多的股民极度看好，从而导致原始股股东惜售，大量资金中长线持有，庄家坐庄难度极大，使该股一直半死不活，上下两难。

3. 分析新股开盘价定位是否合理

这种分析预测主要要参考各大机构的分析资料。若投资者认为股价定位合理且略微偏低，可跟进作短差。

4. 重点关注少数民族地区的上市公司

内蒙古、新疆、西藏等少数民族地区，由于上市公司较少，当地政府为树立形象，也常会推出一些利好配合，机构主力也乐于炒作此类股票，使少数民族概念股股性十分活跃。例如广汇能源（600256），该股属于新疆板块，在不长的时间里，走出了翻倍的行情。另外有些地方板块也常有突出表现。

5. 五分钟 K 线定乾坤

若此时的第一个五分钟换手率超过 10%，当然越大越好，且价位合理，即可证明有庄家在大量扫货，因为换手率越大，越有利于庄家建仓，因此可短线介入。假设新股开盘定位合理，因此刚开盘那五分钟是买盘最大的，也是卖盘最大的，如果能顶住层层抛压收阳线，说明买盘极为强劲，后市可看好。随后的时间将是更多人关注这一时间段，开市后第一个五分钟 K 线收阳线，且换手率超过 10%，在这时大胆介入，可获得较大收益。

6. 关注当日换手率

有庄家介入的股票当日换手率应在 60% 以上，若不能达到这个标准，证明庄家实力较差，且可能是短线资金。因为换手率越大，庄家锁定的筹码越多，后市升幅就越大，由于上市当日是最易吃货的时机，庄家会不择手段地尽快建仓。

7. 关注发行中签率

若中签率低，表明市场看好的人多，主力收集筹码较为困难，此股无论有多么好的题材也难有上佳的表现。以前上市的高科技个股，由于中签率低，从而导致筹码极度分散，自然难有大的作为，最多是跟风短炒一把。中签率较高的西水股份，庄家来个你弃我取，反而很好。

8. 分析新股的基本面

新股流通盘最好在 8000 万股以下，最适合庄家坐庄。股价最好定位在 10～15 元，翻一倍也不过是个中价股。行业独特，最好在深沪市场无可比性。因为无可比性可使股价天马行空，不断上行。同时注意十大股东中有无著名投资机构。

9. 技术指标可以用 5 分钟 OBV（平衡交易量）指标配合分析

OBV 指标通过统计成交量变动的趋势来推测股价的趋势。其俗称能量潮。将成交量数量化，制成趋势线。若一只股票的 5 分钟 OBV 指标呈左低右高，像波浪一样，一波一波往上推，则证明盘中主动性买盘不断，股票已供不应求了，有庄家在悄悄地扫货。以这个指标我们可大致判断有无庄家在场，若有庄，我们就可大胆跟进，顺势而为。

由于新股上市当日无涨跌幅限制，因此炒新股可获大利，股民可以通过以上这些判断，跟踪庄家的行踪。所以跟庄就要跟新股的庄家，因为新股民与庄家成本相近，庄家迟早都要拉升股价，此时就可持有股票坐等抬轿。等有 50%～100%升幅时，再抛出，然后再选一只新股操作。

短线抢反弹的技巧

纵观股市，但凡成功者，必然掌握了一套独特的操盘方法。不少人由于抢反弹未成，套牢或割肉，鲜血淋淋，因此，抢反弹，一般需要较大的魄力和果敢的决心，更需要高超的技巧。抢反弹必须掌握的要点是庄家洗盘的个股可以抢反弹。首先要判断庄家的意图是出货，还是洗盘。由于庄家的出货和洗盘的方式多种多样，稍不留神就会被庄家所骗。

1. 庄家出货的理由

（1）获利丰厚，一个波段升幅（一两个月）达 100%以上或一周升幅达 40%以上。

（2）利好题材用尽，股票累计升幅已翻了一番、两番甚至三番，而媒体却在不断地公布利好。

(3) 完成预期的获利目标。

(4) 大盘形势不妙。

2. 庄家洗盘的理由

(1) 未达到预期的目标价位，即股价仅在成本之上30%或50%以内。

(2) 减少跟风盘，目的是不想让太多的投资者跟进，以便减轻拉升的压力。

(3) 控制筹码。

(4) 降低建仓成本。洗盘和出货由于目的不一样，只要进行仔细分析，其差别是可以分清的。

3. 掌握抢反弹的技巧

(1) 如果认准是洗盘而不是出货，那么洗盘的幅度越大，反弹的力量越强，差价也就越大。

(2) 大跌之中可以抢反弹。股价的下跌实际上是风险的释放。股价的振幅加大，差价也就大；反弹的力度大，抢反弹才有意义。从时间上讲，股价在一天之内振幅超过10%以上，就存在着较大的反弹机会。如果两天达到15%以上，机会就更大，尤其是庄股，由于大资金进出不便，庄家获利出局大多采用拉高出货的形式，但出货不可能在几天内完成，只要某只个股一两天跌幅超过15%以上，往往存在着较大的反弹机会。

(3) 久盘之后的突然下跌可以抢反弹。一只股票横盘整理超过三个月以上，某天突然低开，完全脱离了主力的建仓成本区，其后必然产生一波大的反弹。

第七日

中长线操作技巧

股票的中长线操作,是指持股时间在三个月以上以至数年甚至数十年的投资行为。一般来说,中线操作大多为半年或一年内持有股票;而长线操作时间较长,往往达一年以上,更长则没有时间的限制。长线操作,往往是看中买入股票后可带来的红利收益以及送配股、分红等预期收益。

巴菲特的投资理念

沃伦·巴菲特堪称世界级的投资专家。他8岁开始投资股票，经历美国股市数十年起伏而立于不败之地。巴菲特是价值投资派最成功的代表，他的投资理念始于长期在沃顿商学院执教的价值投资派鼻祖本杰明·格雷厄姆。格雷厄姆的投资方法以企业本身的价值为基准，通过分析企业的财务报表发现那些被市场低估的"雪茄烟头"股票。他认为，市场迟早会认识到企业真正的价值而抬高股价，只要投资者以低于价值的价格提前买入就会因为股价最终向价值的回归而获利。

巴菲特在沃顿商学院读书时也非常受格雷厄姆的赏识，巴菲特毕业时是格雷厄姆唯一一个得A的学生。除去"天才"和"运气"的成分之外，巴菲特独特的投资理念应是对他的投资成绩的最合理化解释。

从1956年开始，巴菲特的资产管理公司每年在股票市场的收益率（复利计算）达30%，如此长期持续地在证券市场上获得高额回报的投资者是非常少见的。巴菲特将企业分成两类：一类是生产一般商品的企业，生产者都能提供的一般性商品，比如农产品、普通日用商品等；另一类是生产特殊商品的企业。这是独此一家的生产企业，生产特殊商品在本行业或本地区没有竞争对手，比如某一城市的知名度较高的报纸（如华盛顿邮报），地区性的电台、电视台，生产名牌服装、香水或烟酒的企业，等等。对生产特殊性商品的企业而言，由于其产品的特殊性造成很高的行业壁垒，外来的竞争者如果打算进入此行业必须付出很高的进入成本。这类企业的地位在正常状况下都是十分稳固的，仿佛四周有一道壕沟保卫它一般,他人难以攻克。巴菲特喜欢投资这类企业。

1963年,美国运通公司因为一家子公司的丑闻,股票价格一路从60美元暴跌到34美元。巴菲特关注此公司已经几年了,在机会来临时,他分析美国运通公司最吸引他的价值所在——该公司基本垄断的全国旅行支票业务和在全美的信用卡业务并未因丑闻的发生而受到影响,人们依然到处在使用着运通的旅行支票和信用卡。在细致分析的指导下,巴菲特以极强的信心一下投入了自己当时资本的40%,即1300万美元购买了5%运通公司的股份。两年后,他卖掉了这些股票,净赚了2000万美元。

巴菲特的投资理念并不止于格雷厄姆的价值投资原则,他进一步继承和发展了格氏理论,并运用这一理论在股票市场上取得了远高于其导师的投资业绩。

对于这种企业的投资价值与其股价,对投资者而言,都存在着矛盾,即这类企业的股价在正常情况下都不便宜。如何才能花20元钱买入价值60元的股票呢?巴菲特的做法是紧紧盯住目标股票,一旦由于意外情况的发生导致普通投资者抛售这只股票时便迅速出击,大量建仓。所以对于投资者来说,不仅需要具备出色的分析判断能力,更重要的是等待危机发生的耐心和危机真正来临时出击的勇气及资金实力。巴菲特购入运通公司的股票就是以上几大因素配合的成功战例。

巴菲特选择的优秀企业一般具有以下特征。

(1)企业的投资收益率要高。巴菲特认为只有当利润用于再投资能产生更高的利润时才有权使用本来属于股东的利润。如果投资收益比不能达到令股东满意的水平,就应该把利润以股息的方式发还给股东或者干脆回购本公司的股票。当企业本身处于投资收益率较低的夕阳产业,在经营范围内部难以发现收益率较高的投资项目时,可以将资金用于收购有前途的企业。

(2)公司利润应该是实实在在的现金而不是账面利润。如果公司利润表中的利润表现为大量的应收账款,或者公司为了保持日后的竞争力必须不断追加投资,比如钢铁、采矿、石化、汽车等资本密集型企业,那么这种企业所提供的、可用于向股东分红派息的自由现金流量就非常有限。这种公司所创造的利润对于股东来说只不过是画饼充饥。

（3）企业生产特殊性质的商品。这类企业的生产带有行业生产能力的垄断性或生产技术的专有性。其产品的生产成本上涨后，能够提高售价而不至于失去客户。此类企业包括电视台、地方性的独家报纸、大型保险公司或大型广告公司，等等。

（4）主要经理人员具有极强的敬业精神。管理是一个企业战胜同行业竞争对手、获取最大利润的重要因素。对一个所有者而言，重要的是降低生产成本，最大限度地提高净资产收益率，努力为投资人（股东）创造利润。

可以说，巴菲特的成功经验就在于对上市公司的独到分析，选股是投资理念的具体体现。

中长线操作理念

所谓投资理念，就是投资者买入股票和持有股票的动机，以及价值取向。进行中长线操作，首先要解决的问题，就是投资者必须具备的投资理念。

将资金投入股市，就是为了获取长期的、高于银行利息的股息和红利。一旦买入股票即长期持有，不为一时股价的涨跌所动，当股价涨升至既定目标价位、确实有利可图时，方卖出股票，获利套现。因此，作为一位理性的、成熟的投资者，在制订投资计划和操作策略时，投资的目的十分明确。中、长期投资者在选择股票时，更为注重股票的内在价值，崇尚绩优与成长。购买股票就是购买公司的未来，对公司的业绩预期和回报预期是中长线投资者的动机所在，也是其投资理念的体现。

中长线选股技巧

进行中长线操作获利的关键就在于选股，选对了股票就等于成功了一半。选对了，股票上市后买入就可以长期持有，有朝一日，必获利丰厚。股市中的"长线是金"就是这类股票的具体体现。

对股票进行中长线投资的技巧注意以下几个方面。

一、关注基本面，选股重质

中长线选股，必须经过充分的调查研究，通过对各项内容的考察了解，对相关上市公司进行比较筛选，从而确定目标股。比如，上市公司的真相，公司的主营业务、确切业绩、增长潜力、新的利润增长点、股本扩张能力等都是应重点了解的内容。

对于中长线投资者来说，买入股票后获得的送配股是资金增值的最重要途径，因而送配股是中长线选股的一个重要条件。在我国股市，决定股价上涨空间的业绩仅仅是一个方面，更主要的是能送股。因此在选择股票时，最好是选择含权的股票。对于已除权的股票，则要看该公司是否具备送配资格以及其股本扩张情况。

二、注重价位，选择中、低价股

股价当时所处的价位是选股的另一条件。一般而言，应选择中、低价位的股票。在基本面较好、质地尚佳的前提下，选择中低价位买入，既可以避免套牢的风险，又可集中资金购买更多的股票。选股时以小盘（6000万以下）股较为合适，因为小盘股股本扩张性大，获利能力强，适宜庄家控盘，股价拉升空间大。当然，具体情况除了看股票的盘子大小，还要看其所处行业以及具备哪些题材，经过与同类股票的横向比较后才能确定。

中、低价股通常也是主力的建仓对象，在较低的价位介入，对于中线操作而言，可以与主力共进退，进行波段操作。

三、选择卧底股，人弃我取

有的股票因上市时适逢市场低谷，或由于行业背景欠佳，或未被庄家进驻炒作，股价长期处于底部，波澜不兴，为市场所忽视。这类股票大多市盈率较低，具有很好的投资价值。

在对基本面情况有所了解的前提下，选择长期卧底、被人忽视的股票，是中长线操作的又一成功之道。但由于未经市场炒作，故股价长期呆滞，人们囿于追涨杀跌的操盘定式，股价启动之前，往往无人问津。

一般来说，卧底的时间多长，上涨行情就有多长。敢于在行情低迷时期长时间对一只股票大规模建仓，也表明主力对该只股票是坚定看好，并且资金也十分充足。后面不管主力是逆市拉升还是顺市拉升，都会把行情做足。而股市高手则看好这类股票的潜在价值，在大行情的波底买入这类股票，日后可带来巨大的收益。买入这类股票只输时间不赔钱，而一旦股价进入涨升阶段，则升值潜力难以限量。这类股票往往受到大主力的关注，因此长期低迷的股票可以从容建仓。

中长线操作方法及重点

当今社会已进入微利时代，我国股市亦然。除了上市公司溢价发行和高价配股仍属厚利之外，其余恐怕都是微利了。要在股市获利，转换投资理念，进行中长线投资是一种必然。就具体操作而言，必须掌握以下方法要领。

一、认准箱形，波段操作

随着市场的不断扩容，股市的震荡箱走势是与我国经济以及市场扩容、股指虚拟相适应的。过去那种只要买到股票就能赚钱的情况早已不复存在。庄家、机构操纵股价的行为也随着证券监管的强化有所收敛。股价暴涨暴跌的现象甚为寥寥，更多的将是震荡式的箱形走势。事实上，箱体的上下限制约，又是与每年经济增长幅度、扩容节奏和金融货币政策相一致的。因此，把握箱体中的波段节奏，进行波段操作，是中线操作制胜之道。

具体来说，波段操作应遵循以下操作思路：

（1）坚持反向操作。当放巨量飙升、往上突然遇强阻力位时，就卖出，当缩量下跌，往下突破支撑位时，就买进，切忌在下跌休息区中追涨杀跌。在高位震荡中尤其要防止主力利用指数股制造假象。

（2）波段顶部少唱多，少叫"主升浪"，少盼"创新高"，因为波段顶部必然是新股更多更快地上市。该逃顶时就坚决逃顶，该抄底时就坚决抄底；中间地带就控制好仓位做个股。这样，所受的风险就比较小。

（3）尽可能选择业绩有望改观的资产重组股和当年含权的小盘绩优次新股。这是久经历史考验的股市致富经验。

（4）在深沪两市轮番运筹。由于市场资金有限，主力的做法是水往低处流，集中兵力打歼灭战，弃一市攻一市，然后转换。投资者务必从成交量的对比变化中，发现两市轮涨的契机，及时运筹，获利避险，寻找多次机会。

（5）选股还是要选庄股，因为无论是从历史看还是近期看，都是庄股表现好。尤其是"庄家被套被粘股"，在增发、配股中由于大势不好、因股价跌到或者跌破发行价而套牢的券商不得不展开自救动作，导致短线机会乃至中线机会。做市商只要是没有违法违规操作，就是"红庄"，投资者就可以考虑跟庄。

（6）在未启动、欲启动的时候介入，看准"苗头"介入、耐心持有，等待波段涨幅到位，才有小利。目前的微利时代，要求投资人有波段预见性。

（7）选股要格外重视基本面、技术面的综合运用。立足基本面确定品种，立足技术面确定时机。而在技术因素中，量能是最大的决定因素。低位放量的个股，产生机会的概率较大。

（8）次新股，尤其是在"近期上市次新股"当中，有"投资投机两相宜"的机会，有新庄控盘的个股，尤其是其中沿着5日均线缓缓上升的股票，只要继续持有就行；直到有效跌破5日均线、连续反抽5日均线过不去的时候立即出局。

二、坚定信念，长期持股

对于长线操作来说，一经选中某只股票，就必须坚定地持有，这既是投资者的一种信念和耐心，也是一种操作技巧。

投资者要想避险获利，甚至获大利，唯一的途径是靠股票的股本扩张能力，尤其是资产重组最终还要靠股本扩张。而小盘股的股本扩张能力最强，资产重组的可能性最大，爆出黑马的概率最大。只要持股时机和股价得当，真正做到手中有股，坚持长期持股。只要假以时日，必定是大赢家。这已被中外股市的无数事实所证明。

三、淡化指数，发掘潜力股

中长线操作不能完全依赖于股价指数的涨升，关键要靠个股的价值再发现。在大盘平稳运行、股价指数稳中有涨（微涨）的市场格局中，发掘有潜力的个股，才能超越大盘的走势，达至成功的彼岸，这也是中长线操作的制胜之道。如果拘泥于股价指数的涨跌来进行操作，只会落得赚了指数赔了钱。

（1）发掘业绩相对稳定，呈爬坡式增长的股票。那些业绩呈跳跃式增长的企业要不然是在做暴利但不长久的业务，要不然就有虚假的成分，第一年绩优、第二年业绩平平、第三年亏损的现象把先前虚假包装后进行过度炒作的行为揭露得非常彻底，如当年的琼民源、湖北兴化等。业绩稳定，使主力心态平稳，股市里俗话讲"有业绩支撑，套着也不害怕"，其实主力与中小投资者的心态也是一样的。

（2）发掘主营业务科技含量高的股票。科技是第一生产力，科技含量高的产品在市场中的生命力会更长久，行业具有前瞻性和朝阳性。在投机性很浓的市场里，虽然有时纯炒作行为也会成功，但终究主力会心虚，就会更加注重短期行为。

（3）发掘小盘股。送配股是绝大多数股票都有的必然之举。因此，小盘绩优股历来都是机构建仓的首选对象，不停地炒作，不停地高比例送配，使投资者受益颇丰。

（4）发掘在跌势中抗跌的股票。这类股票应具备两点：一是上市公司有朦胧题材支持，预期有利好消息出台；二是有大资金做后盾，主力持仓量大。一旦大盘向好，这类股票将横空出世，涨幅惊人。

（5）发掘在波段底部上市的新股。新股上市大多会有出色的表现，而处于波段底部的上市新股，由于人气涣散，定价一般偏低，是中长线投资的极好机会。再加上新股概念，下方有人护盘，上方没有套牢盘，因此上升空间较大。但这类股票必须是板块牵制小，盘子适中者。

（6）发掘收购兼并或资产重组股。这类股靠着低价、小盘、朦胧、未来的成长性、改换门庭、新股东入驻等优势，往往有惊人的涨幅。尤其是 ST 阵营的扩大，会给投资者带来不少的机会。

总之，在各路个股主力的实力不断壮大的今天，波段行情中的主要特征将是大盘波段与个股波段的背离。在无暴涨或暴跌的前提下，关注个股的波段，应比关注大盘的波段更为重要。这样，才能在复杂的股市中，切实把握进退和运筹的主动权。

中长线选股的基本原则

进行中长线操作，成败得失在于选股。股票选择不当，甚至发生失误，将会铸成投资者长时间的大错，不仅会失去许多机会成本，而且会造成远大于大盘指数下跌幅度的亏损。因此，中长线选股应遵循以下基本原则。

一、要买行业不错且知之甚详的股票

股票是一种投资对象，买入的目的是能升值。首先，要认清行业：是朝阳行业，还是夕阳行业；是独特行业，还是板块牵连沉重的行业。其次，要实地考察、不能随便听别人的介绍，必须认真研究该上市公司的准确而翔实的资料，精读财务报表，从 K 线图上了解其历史和现状，了解其有多大的含金量，以便决定用多大的资金去买它；是做短线，还是做中长线。选股的关键是要自己亲自下工夫。

二、要买人人弃之如敝屣的股票

最好的办法是充分发挥智慧和勇气，在大家猛抛之际，去买未来有价值的股票。比如问题股，或因巨额亏损，或因报表公布，令人们大失所望，又如 ST 板块，在其消息公开前，多数已在走势上提前反应，见报时只是最后一跌。当人人都退避三舍时，其价格必然是超跌的，其风险已大部释放。而亏损绩差的股票又是资产重组的重点，受到政策倾斜，一旦有主力进驻，其绝对价格看起来上涨不多，但相对涨幅却相当惊人。

三、要买明显弱于大盘指数走势的股票

市场多数人是用高价股、中价股、低价股的叫法来为股票人为分类。其实，这只是表象，还应进一步分成高位股（强于指数走势）、中位股（平于指数走势）、低位股（弱于指数走势）。发掘黑马主要应把重心放在低位股，即弱于指数走势的股票当中。其中包括：
(1) 股价超跌，且绝对价格很低，甚至创了数月来的新低；
(2) 个股只相当于、甚至低于前一波段底部的价格水平；
(3) 有主力在连连对倒打压的迹象；
(4) 个股市盈率仅 20 倍，大大低于同期大盘平均市盈率；
(5) 成交量极度萎缩；
(6) 从前一波段底部上升以来，个股涨幅远远落后于指数涨幅；
(7) KD 和 RSI 低于 20 或 10 以下；
(8) 与同类股票有明显的价格落差。

四、要买目前看起来便宜的股票

当投资者感到市场上各种股票的价格都不便宜而无从下手时，说明

大盘正处高位，买气正旺，股价已急剧上涨。此时，应缩手观望。真正能买到理想的股票，应该在各种股票都很便宜时。投资此类股票，赢多输少。

五、要买即使跌1～2元也有投资价值的股票

许多人仅仅靠市场传闻，或靠个人的揣测来判断某股会被市场炒作，就买进这只股股票，结果被套。因此，要事先充分考虑到该股业绩的成长性和股本的扩张性。就是说，买该股不是出于投机，而是出于投资；不是做短线，而是做中线。不到中线题材到位，决不轻易抛出。

六、要买媒体和市场人士很少推荐的股票

选股时要注意的是，如果媒体很少提及的股票，价位必定很低，主力正好逢低吸纳，打压建仓。凡主力能在低位吸饱筹码的股票，以后也就拉得高，涨幅惊人。

七、要按价值取向选强势股

买股票不能光凭消息、凭兴趣、凭运气，为买而买，而应首先考虑其价值取向。一是指含金量高，如拥有雄厚的公积金，未分配利润，找到新的经济增长点。这些多半只有次新股才具备。反映在盘面上，就是要选能跑赢大盘的、抗跌性很强的强势股。二是指含权，具备大比例送股能力。若配股，只有对高价股来说才算是利好（且配股价要低），而低价股配股，并不是好消息。三是指业绩优，价位远远低于价值。

八、要买有弹性的股票

选股应选弹性好、振幅大的股票，认准箱形，高抛低吸，踏准波段。

再好的股票,当舆论一片叫好时,就应阶段性地做空。

　　真正的操盘老手不愿把一只股票炒得老高。尤其是在强调法制化、规范化的今天,主力总是竭力避免让一只股票走单边上升市,而是惯于做来回。根据曲线比直线长的原理,做来回的实际涨幅,并不亚于直线飙升。因此,当其被市场冷落时,再买多。经过几个来回后,成本降低,就敢于捂它一段时间,日后倒真的可能成为一匹黑马。

九、在要连续暴跌或空头市场中选股

　　经验丰富的投资者通常是在此时去选择严重超跌的有价值的股票。因为此时,许多原本是"精品价格"的股票,会在猛然间,变成了"地摊价格"的股票,并且还可拣到足够数量的筹码。一旦见底回升,"地摊价"又变成了"精品商厦价"。

十、要按成长性选股

　　在上市公司中,不乏经过重组、包装、股权转让后,具有极好成长性的股票。尤其是一些小盘绩差股,本身就是一种资源,它们会在业绩上明显改观,这就是一种成长性。大机构、投资基金,恐怕更多的是通过发掘这类股票的成长性而获利。

　　在股市中,好股票的价格通常不低,甚至被市场严重高估,已显示不出其"好"。唯有在空头市场中,在连续暴跌中,在波段底部区域时,人人都害怕大盘还要跌,还有最后一跌,遂往往在低位还出现恐慌性的杀跌。可见,在大众都感到恐慌时,不是卖出的时机,而是拣便宜货的时机,是赚大钱的时机。但是,其前提必须是:要在波段顶部、市场一致看好时,能功成身退,才能在底部时拥有足够的抄地板价的资金,并且有极好的耐心,相信它今后一定能涨上去。

回避中长线风险的方法

由于股市风云诡谲，投资股票也存在着极大的风险。因此，对于每个要求掌握股票买卖技巧的投资者来说，正视股票风险，增强投资意识和风险意识是十分重要而迫切的。

与短线操作明显不同的是，中长线操作持投时间较长，一旦买进股票，不会轻易换手，至少持股一年半载。中长线操作的风险，既体现在股票的选择上，也体现在时机的选择上：如选股不当，或时机选择不当，在波段顶部买入股票，随即进入漫漫熊市，股价连连下挫，则难料跌势何时是尽头，陷入两难的境地，大大动摇持股的信心。

一、回避风险的原则

中长线操作，选股至关重要，为回避选股风险，应把握以下原则。

1. 忌买流行行业股

举例来说，以前市场青睐高科技股，但是，股神巴菲特宣布，他从来不买高科技股，尤其是对能通过更改名字挤进高科技行业的股票，更应持怀疑的眼光。

2. 忌买超热门股

太热门的股票，亦即市场所谓的"黑马"，也就是多数人都垂青、手头上都有的东西。所以，应先去除股价被高估的部分，当它冷下来后再买不迟。

3. 忌买重工业"绩优"股

尽管它盈利稳定、绩优，并附上形形色色的名牌或外包装，似乎很安全，很有魅力。但是，其开价定然很高。

4. 忌买产品过剩股

有一段时期，市场对工业股一般缺乏兴趣，主要原因是其产品过剩。其实，在被市场许多人看好的热门股中，也有不少是产品过剩股。

第一类是商业股，第二类是房地产股，第三类是家电股。从整个行业看，重复投资，商品积压，供大于求的情况十分严重。这也是投资者选此类股时，不能不考虑的问题。

5. 忌买噱头股

市场上总有一些大玩花招的股票招摇过市。买进它根本不能算是投资，而应看做是赌博。因为赌博的经济动能就是诈取他人的钱财。对此，理性投资者应避而远之。

6. 忌买过热市况上市的新股

所谓"过热"，一是指大盘处波段顶部区域，指数处于高位。二是指一段时期内上市的新股连连炒作成功后，市场便出现火爆场面，乃至创造几个涨跌板的"奇迹"，既为"奇迹"，就只能是少数。若个个新股如法炮制，一二级市场上人人胃口吊足，也就创造不出这"奇迹"了。到头来，只能是"败迹"。

7. 忌买大比例送配的股票

大比例送配的股票，有着诸多的缺憾：
(1) 让低价建仓的庄股借机拉高出货，叫散户吃套；

(2) 股本扩张，利润稀释；

(3) 扩股后能配更多的股，以便再次向股民圈钱。

多数连年以大比例送配的绩优股，都变成了绩平股，绩平股变成绩差股，很难再创辉煌。须知，不含权的股票，尤其是无股本扩张性优势的大盘股票，是不值得拿在手里的。中小散户的亏损，往往是持有已实施送配的股票所造成的：套牢后被迫长期"投资"，结果是越持越亏。

8. 忌用纯技术分析选股

许多人天真地以为，通过技术分析，从股票的K线形态中，就能选到黑马。但是，没有一只股票走势会相同。因此，决不可迷信技术分析，或者用什么系统、电脑程式等去发现黑马股。能成为"黑马"者，乃在于上市公司本身的行业优势、经营者水平、业绩、题材、质地、股本扩张能力等，尤其是有大主力炒作。

以上是购买中长线股票的几个特别要注意的禁忌。

二、趋利避险的七大要诀

1. 把握政策取向

当报刊接连宣传经济金融形势向好，管理层高度评价股市的地位和作用，股市日益稳定和规范化，走势基本正常，要人们消除疑虑，树立信心。此时，必然会有大机构通过震仓，陆续进场，导致上升行情，故应果断地做多趋利。当报刊接连宣传金融政策从紧，禁止非法资金入市、清查机构违规、查处庄家操纵股价、打击过度投机时，大机构必然会相继从股市中抽离资金，导致股市的暴跌。此时，应果断地做空避险。不能置若罔闻，一意孤行，与政策和趋势相抗衡。

2. 关注供求关系

当扩容节奏明显加快时，股市风险必然降临。此时，应果断做空避险。当扩容节奏明显放慢,股市的融资功能受到影响,管理层在考虑二级市场的扩资举措,股市就必然回暖,机会必将来临。此时,应谨慎做多趋利。

3. 善于运筹波段热点

在盘子急剧扩大后,股票普涨的机会不多。通常表现为轮涨市,一个波段只出现一个新热点,如果善于运筹,那就既能赚到指数波段,又能赚到个股的股价。反之,死抱住旧热点,即使赚到了指数波段,也会赔了个股的股价。想趋利,却如缘木而求鱼;想避险,却被深深套住。而新的热点,往往产生于连遭打压的"伤心板块",甚至是"死亡板块"之中。

4. 对顶部和底部应保持平常心

关键是把握三个要素,即指数位、KD 和 RSI 指标。当指数位于 5 日、10 日、20 日、30 日均线上方甚远,KD 和 RSI 指标处于 80 以上,日、周成交量创巨量、天量,便是顶部,应果断逃顶避险。反之,当指数位于 5 日、10 日、20 日、30 日均线之下甚远,KD 和 RSI 指标处 20,日周成交量创低量、地量,便是底部,应大胆抄底趋利,宁可买进的是次底筹码,暂时不动,也不必在乎。

5. 顺势操作与逆势操作相结合

在多头市场,当大势对多头有利,就应坚决做多,或长多短空;在空头市场,当大势对空头有利,就应坚决做空,或长空短多。当成交量极度萎缩,指数远离各均线下方,一个又一个支撑位被击穿,众人看坏时,则应坚决做多,甚至满仓。当成交量温和放大,指数与各均线粘合,众人都看高一线时,则应谨慎做多,减为半仓或 2/3 仓。当成交量急剧放大,KD 和 RSI 上了 80,指数远离各均线上方,一个又一个阻力位被攻克,众人皆言向上突破时,则应坚决减仓,直到空仓。

6. 对一致性股评保持警醒

在连续涨势或跌势中，应警惕大盘逆转。报刊上众口一词推荐的个股，价格必处高位，正是主力出货的良机，不应追涨，而应出货。用逆向思维和智慧去研判运作股市。

7. 理智看待大盘指数

如果指数在短期内连涨 20%～30%，仓位就不能过半；连拉周阳线后在高位出现第一个根周阴线，且周成交量创天量，表明大势逆转，是暴跌的前奏。暴跌之初，应壮士断腕，切勿用平摊法，越跌越买，而应耐心等待。至多用拔档法（所谓拔档法，是指投资者先卖出自己所持有的股票，待其价位下降之后，再买入补回的一种以多头降低成本，保存实力的方法），但不宜重仓。当连续跌势达 20%、30%，日、周成交量创地量、连续周阴线后出现第一根周阳线，亦是转势信号。就不应再割肉，而可用金字塔法建仓，并用部分筹码高抛，做波段。在多空趋势不明朗时，宁可观望。只要能保住资金或阶段性成果，就不愁以后没有赚钱的机会。

三、牛市不抓回档，熊市不抢反弹

要想在熊市中找到牛股是比较困难的，成功的机会和概率也比较小。中长线操作讲究顺势而为，首先必须做到牛市不抓回档，熊市不抢反弹。只有认清大市，才能在牛市中赚到更多的钱。如果在牛市中做回档的话，抓住的机会与踏空的机会是难以比拟的，往往是踏空多于回档的机会，这将导致丧失机会成本，甚至有被套的危险。

在股票操作上，要做到既符合大众心理，又能领先大众一步，这样才能抢占先机，制胜获利。如果不能领先一步，随波逐流的话，当股民们一致看好某只股票时，股价早已涨高，此时买进的话，其风险是不言而喻的。

第八日

如何抄底与逃顶

抄底是股票操作的重要手段之一，也是在股市中获利的一个基础。对底部作出正确的判断，是抄底成功的关键。炒股最难的就是卖出，逃顶可以获取最大的收益，更是成功地规避风险的一种方法。因此，股民要了解如何抄底和逃顶，这对规避风险和获取利润起着重要作用。

底部的确认与要领

在股票市场的实战中，抄底是股市获利的第一手段。抄底是股市操作的基本功，也是股市获利的关键。能否准确地判断底部，是能否赢利的基础。

一、底部的特征

底部的出现，尤其是大盘底部的形成，是经济、社会、政策以及供求关系等因素共同作用的结果。它具有以下几个特征。

（1）宏观背景趋暖。政府不希望股市走熊，政策面出现利好，市场扩容节奏适度放慢，基本面有所改观，新的市场热点开始兴起，机构主力起而护盘，这些征兆都是构成大盘底部的重要成因。

（2）阴阳交错盘整。这种特征表现为股指既跌不下去，又涨不上来。这是因为跌下去时有人接盘而上涨，就遭到抛压；股指波幅很小，短线客已无差价可做，大多数不看好的人都已退场了。

（3）成交极度萎缩。根据"量先于价行"的原则，当股市成交量创下低量、地量时，此时多、空双方都无利可图，或者都不敢冒险，买卖谨慎，观望气氛浓厚，预示底部即将来临。

（4）人气低迷恐慌。当整个市场在恐惧利空、传利空，股指如死水微澜，涨跌有限，成交稀疏。即使利好出台，市场也显得麻木。这说明，投资者信心全无,人气虚弱到极点。

二、判断底部的要领

股价经过较长时间和较大幅度的下跌之后,空方力量渐渐减弱,下跌动力明显不足,股价开始在一定幅度的价格区域内横向波动,成交量也显著萎缩,而多空双方的力量在悄悄地发生转变。此阶段买入股票需要有勇气和信心,持有股票需要有耐心。因为,此时市场到处是悲观气氛,大多数人预期股市还会下跌,可底部就在眼前。

具体来说,对底部的研判应把握以下要领。

(1) 底部区域持续的时间较长,且成交量非常之萎缩。主要原因就是主力要在低位吸到足够的廉价筹码,在成交稀少的情况下,没有足够的时间是难以完成的,致使构筑底部的时间较长,而底部越结实,涨升的动力就越足,上涨持续的时间就越长,上涨空间就越大。

(2) 底部区域应在股价经过大幅下跌之后形成,也就是说在形成底部之前必须有明显的下跌趋势,否则就不是底部。而且,下跌越深、下跌时间越长,后市上升的空间就越大、上涨持续的时间就越长。

(3) 众多的技术指标都处于严重超卖区域相当明显,技术上已经具备了大幅上涨的条件。

(4) 中期或长期底部往往很少有甚至根本没有获利盘,绝大多数甚至全部投资者都被深深地牢套。基本面也不见好转,利空传言仍在满天飞,可股价却是实实在在地跌不动了。

(5) 最后下跌的板块往往是绩优股的指标股。此时。中长线的投资者也不再看好股市而纷纷抛售绩优股,主力机构也打压指标股,致使大盘持续下跌。至此,从大盘股到中小盘股,从垃圾股到绩优股,该下跌的板块通通都跌无可跌了,市场本身已经聚集了涨升的能量。

对于中长线操作的投资者来说,把握一年一度的大波底是获取最大收益的最佳途径;而对于短线操作的投资者来说,把握一年数次的小波段是赚钱的最好办法。

新手炒股入门十日读

抄底的方法与要领

抄底是以投机的心态去投资,反而是既能投资又能投机。首先要对于个股底部进行研判,主要基于以下两个方面:首先是成交量,其次是技术指标。要准确掌握好抄底的要领和方法就要注意以下两点。

一、把握抄底的时机

在抄底的时机把握上,不少人指望在走出底部后,或在利好消息出台后再去抢盘。但是,当人人都这样想、这样做时,就变成了在同一点位以市价盖帽打进,遂出现了类似于1995年5月18日跳空158点开盘、5月20日下午10分钟涨110点的拉长阳建仓,结果,许多主力在高位被套一年半。这就是在上升时以"及时追涨"来代替抄底的恶果。

不同的投资者对于抄底有不同的时机选择。有的投资者看好大盘或个股时在高位轻微被套,在股指或股价回落的过程中每到一定价位便适量补进,这种一路跌一路买的方式适合资金较大的投资者。还有一种是股价或股指在相对低位横盘时买进,此时价格较低,买入风险较小,但时间可能消耗较长,需要有较大的持仓耐性。

有的投资者是在股价或股指走出底部,或冲出下降通道确认以后买进,这种方式需要投资者有准确的判断力和果敢的决心,此时买进见效最快。

第八日 如何抄底与逃顶

真正的抄底,是在一路下跌的势头将尽时,去抄"次底",宁可留一部分最低筹码给别人赚。这样做,反而能常胜,这就叫"及时追跌"。个股股价在低位,下方出现层层大手买单,而上方仅有零星抛盘,并不时出现大手笔炸掉下方的买单之后又扫光上方抛盘,此为主力在对倒打压,震仓吸筹,可适量跟进。

如果个股股价连续下跌,KD 值和 RSI 值在 20 以下,成交量小于 5 日均量的,价平量缩,日 K 线的下影线较长,且开始温和放量,此为底部的一个明显信号。

个股在低位出现涨停板,但并不封死,而是在打开—封闭—打开之间不断循环,争夺激烈,并且当日成交量极大,这是主力在利用涨停不坚的假象震荡建仓,往往是在某种利好支撑下的突击建仓。在这种情况下,投资者应果断买进。

个股在经历长时间的底部盘整后向上突破颈线压力,成交量放大,并且连续多日站在颈线位上为突破确认,应及时跟进。个股低开高走,盘中不时出现往下砸盘,但跟风者不多,上方抛盘依然稀疏,一有大抛单就被一笔吞掉,底部缓慢抬高,顶部缓慢上移,尾盘低收,这种情况宜在尾市打压时介入。

二、要勇于抄底和善于抄底

当大盘或个股处于波段底部,成交量总是极度萎缩。成功的抄底既需要勇气和魄力,还需要有抄底的智慧,即善于抄底。

波段底部的实质,或是主力被套后的回补,或是主力通过策略性的打压,完成建仓任务,而绝不可能是主力出逃。其实,主力打压得越凶的股票,以后涨势就越猛。从表面看,只有几百股的零星成交,多数人对此不予理会。其实,此时恰恰是筹码相对集中的时候,即集中在主力手里。主力只是靠对倒往下拔档,使一路承接的层层买盘统统套牢,引发他们割肉。但是,割肉者毕竟是少数,而连续的探底(有时大盘会出现连续十几根阴线,个股会出现连续数十根阴线)使人生畏,买盘稀疏。

如果成交量不能扩大，或者市场的微利筹码不出来，便是上涨动能不足。即使指数或个股上涨，也是量价背离。情况好一点，只能继续整理；情况差一些，就是股价续跌。大盘或个股从底部上涨，必须有成交量配合。因此，只能是主力拉高，继续建仓。当然，也有一些小盘庄股会无量上涨，甚至无量飙升。但是，此种情况只能表现在个股上。若大盘出现此情况，市场便不会不予承认。

在刚走出底部，即波段上涨的低位，是筹码最集中地掌握在主力手中的时候，也是热衷于做差价的投资者痛失底部筹码，与未来的黑马"失之交臂"的时候。于是，主力或采用对倒放量的手法以获利；或者将底部筹码在低位封盘；或在打压时忍痛割爱，释放出一些筹码给散户。但同时，也有一些做差价者把微利筹码倒出来，乃至将浅割肉盘斩仓出来，想到下面再捡回来。结果，这些筹码都被主力一网打尽。

抄底是股市运作的基本功，是对大势的准确判断，是股市获利的第一手段。抄底是主动买套，磨炼心态，只输时间不输钱。同时，抄底是捕捉安全的投资区间，既无踏空之忧，又无高位套牢之虑，且可取得丰厚回报。

顶部的确认与特征

股市高手的功力，就主要表现在逃顶的功夫上。成功地逃顶，能使手中的股票在最高价位卖出，取得实际的成果，获取高额收益。反之，则可能将抄底得到的预期收益付之东流，甚至损失殆尽。因此，把握逃顶的技巧是非常重要的。

一、形成顶部的必要条件

股市形成顶部，有以下几个必要条件。

(1) 政策面和股市的基本面情况出现重大利空因素。

(2) 庄股已有较实在的获利空间，可进行规模派发。

(3) 股市人气沸腾，新开户股民大量增加，散户资金纷纷入市，追涨气氛热烈。

(4) 各个板块均已轮炒一遍，特别是历来涨势滞后的大盘权重指标股已放量创出新高。

(5) 股市资金面吃紧，机构或庄家手中头寸调度不灵，股票套现压力极大，未有新的资金入市，或面临兑现结算等情况。

如果上列各条一一具备，则股市见顶已为期为远了，有时仅具备第(1)条就可一锤定音，股市顶部已经形成。

二、股市见顶的特征

大盘见顶具有以下重要特征。

(1) 政策取向。若系大波段顶部，管理层必然是抑制过度投机，清查违规行为和违规资金，强调风险和理智。若系一般波段的波峰，管理层主要是通过加快扩容，来促使股市降温。

(2) 热点和题材。市场到处都是热点题材，个股轮涨，黑马乱蹦，但只是一天行情，次日在涨幅榜上便无踪影，涨停板的个股和5%以上涨幅个股数量日减。

(3) 人气和舆论。指数连连攀升，市场一片看好，利多消息满天飞，新股民不断入市，持股不断增加，视踏空为最大的风险。论股沙龙爆满，报刊抢购一空，都期望更大的利多出台。分明是利空，市场却视之为利好。见顶回落后，多数人认为跌幅已大，忙不迭地抢反弹，以摊平成本。然而，指数却不再创新高，反而一波比一波低。

(4) 指数股动向。大盘指数股一齐拉升，领涨却无法创新高，走势趋弱；庄股、投机股大幅震荡回落，突然重跌，甚至跌停。

(5) 技术指标。KD 和 RSI 在 80 以上钝化，5 日乖离率达 3～5，10 日乖离率达 8 以上，30 日乖离率达到 10～15，指数在 5 天、10 天、20 天、30 天均线上方甚远。

(6) 量指关系。当日、周成交量放出巨量，甚至是全年的天量，或日、周成交量大于 5 天均量，甚至大于上一周、上一月的日均量的两倍，但量增指数滞涨，或指数升量减，指数数次试图创新高，却无功而返，形成 M 头或三尊头。

(7) 新股效应。新股开盘价和收盘价出奇的高，首日换手率达 70%～80%，一级市场获利丰厚，而二级市场炒新族却被深套，带领次新股板块整体下跌。

(8) 周 K 线和月 K 线。当周、月 K 线连拉阳线后，出现首根阴线。

无论是大盘顶部还是个股顶部，一旦见顶回落，往往使人惊心动魄。需要及时抽身而退，斩仓出局，故有逃顶之说。能否成功逃顶，首先在于对顶部的准确判断，其次则是要熟练掌握逃顶的技巧。

逃顶策略的选择

逃顶成功，是一种乐趣；逃顶失败，则是一肚子懊悔。逃顶的方法有两种选择，投资者可以根据自己的性格特点进行把握。

一、逃顶的方法

1. 见顶回落即出手

这个方法在操作上就是股价一旦见顶回落，即在第一时间卖出，不患得患失，不抱侥幸心理，坚决止损出局。这种逃顶方式又称为止损法。

2. 未及见顶先卖出

涨势不言顶，在卖出的时机选择上就应该把握住次顶部的价位。一是止盈法，即不管顶部将在何时何价位，坚决卖出；二是见量法，一旦出现顶部征兆并放出巨量时立即沽出。

它们的特点都是希望在见顶前预先卖出，止盈法的主观性太强，要注意审时度势，及时调整目标价位；见量法的偶然性较强，要提防庄家大单砸盘，跳水出货。

二、逃顶的基本策略

判断股票卖出价位的困难极大，因为股价筑底的时间较长，买入的机会多，而股价见顶往往只有一两天，稍一犹豫即错失良机。因此，出手果断是逃顶的最重要的策略。

当一只个股以超过 1/2 的斜率连续单边上升，涨幅超过 30%～50% 及以上时，应考虑其可能形成单日反转，其确认的技术特征是：在高位经过最后上升形成大阳线后，次日高开后盘中一路下挫，收市时日 K 线形成光头光脚大阴线，技术上称为墓碑型 K 线，且成交量极为巨大，则投资者应在阴线当日第一时间果断卖出。例如深赛格在 2000 年 11 月的股价走势就十分典型。

深赛格经过主升浪大幅上升后，在高位进行长达一个月的横盘整理。在此过程中，该股反复冲击最高价但均无功而返，且每次成交量递减，当30日均线走平和渐成向下趋势后，该股向下破位开始急跌。在技术分析上称为"箱形顶部或者圆顶"形态，这类股票主要在超级强庄控盘的个股或者流通盘相对较小的个股或者在一些高价股中出现。投资者较为稳妥理想的中线卖点是在30日均线由上升转为下降，且日K线跌破30日均线之时，如东方电子在2000年11月的走势。

判断股价顶部需考虑基本面的情况以及周线和日线的技术指标。

（1）在市场顶部之时见顶股票往往伴随利好而股价不涨。

（2）周线技术指标已达到历史高位并呈超买状态，与此同时日K线指标也发出卖出信号。如日均线组合卖出信号与5日、10日均线出现死叉、短期和中期均线出现死叉、MACD出现死叉、RSl和KDJ出现顶背离，等等。

一旦上述情形同时出现或绝大多数出现，则应果断卖出，以避免造成收益的减少和不必要的损失。

逃顶的方法与要领

炒股最难的就是卖出，对顶部的判断和操作要领的掌握，是逃顶成功的前提，成功的逃顶可以规避风险，更是获取最大收益的保障。

一、大盘顶部的操作要领

一般来说，大盘见顶一年只有一次。因而这样的机遇，把握得好，便可获大利，因此，应掌握以下操作要领。

（1）股市高手则应做好卖出的思想准备，坚定地按宝塔式减仓，只出不进，持币以待，日后必笑得最好。关键在于要有平常心和逆向思维的灵气与反向操作的勇气。

投资者要做到在上升途中次顶部将股票分批卖出。在大盘次顶部区域，往往是人气最旺，轧空最烈，黑马狂奔的时候。多数人今天买进股票，明天就获利丰厚，到处都是获利盘。分明是利空举措相继出台，但市场麻木不仁，反视之为利多。成交连放巨量，KD和RSI在80以上钝化，指数远离5天、10天、20天、30天均线之上。此时，众人都认为是买进的极好时机。

(2) 即使割肉卖出，也要保住半壁江山。在大波段顶部因判断失误或反应较慢而失去卖出机会者，若看到K线上出现几根大黑棒，转成空头走势，切忌仍保持多头情结，在反抽时还不舍得卖。其实，此时至少应沽出半仓，以便跌到底部时有资金可加码回补，降低成本，而不至于将收益成果全部损失。手中有一半资金，便十分主动，待拉开距离，止跌回升时，或则加码补进先前割肉、现已有可观差价的筹码，或者买进新一轮波段的热门股、强势股、题材股。这样，就可提前扭亏为盈，较之深度被套，要有效得多。

(3) 一旦见顶回落，应壮士断腕，忍痛了结。如1997年2月5日，在连续80多个交易日单边上升至1510点后，出现了日K线上第一根大黑棒和1根周阴线。此时，不论手中的股票有无获利，都应清仓或留轻仓，当机立断，卖掉股票，静观其变。切勿有所偏见，仍盼再创新高，以致贻误了获利了结、让利了结或停损的时机。

二、波段顶部的操作要领

在我国股市，每年均有四五次甚至是七八次的波段行情，其涨幅为10%～20%，对于波段顶部的操作，要重点把握以下几点要领。

(1) 各类板块均出现轮涨，但指数却不能创新高。

(2) 指数连续冲高后却不能放量站稳，或几次试图突破某一高点，均无功而返；股指在高位出现M头或三尊头，量增价滞或量缩价升，市场却期望值甚高,媒体皆称"盘整蓄热,酝酿主升浪",其实,这正是极好的波段卖点。

(3) 大盘成交量急剧放大,但多数股价勉强平盘,涨幅第一的股票,只是在尾市时才突然收高。

(4) 经连续涨势,开盘后主力故意对倒高开;大盘无量,指数快速上升,但稍后又告下降,量急剧放出;盘中需求加大却飘忽不定;尾市指数平收或微跌。

(5) 日K线在连续收阳后,出现首根巨量长阴线。

(6) 股指呈一波比一波低的下降阶梯状,日平均线由上升转为下降,5日均线下降,10日和20日均线上翘,在高位形成死亡交叉。

(7) 当波段的领涨股连续有大手笔卖出,上影线过长,或跌幅居前;热门股成了重挫股,且数量逐渐增多,便意味着波段到顶。

(8) 股指大部分时间在前一日大盘指数之下运行,盘中偶尔向上突破,但无法站稳。

(9) 股指在盘中走软,成交量大幅萎缩;临收盘时出现放量加速下跌,仅有少数股票翻红,但很少有涨幅5%以上的个股;多数股票留有很长的上影线,卖压沉重。

上述列举的情况,通常是波段顶部出现的先兆,也是逃顶的较佳卖点。

三、个股顶部的操作要领

对于个股顶部的卖点把握,主要应掌握以下操作要领。

(1) 个股连续上扬,放出巨量后,量增价滞或价升量缩,均是见顶信号。此时应果断卖出,至少应在反抽至双顶附近卖出。

(2) 个股连涨至高位,上方出现层层大笔卖盘,而下方只有零星接盘。这表明,主力出货意愿强烈,应趁主力往上对倒时抛出。

(3) 个股连涨后放量,却以当天最低价收盘。这是主力在出货,是开始下跌的征兆,应尽早作出反应。

(4) 个股处中高位时出现涨停板。若量小,可持股观望;若量大,系主力在出货，至少应卖出一半；若第二天又是涨停板，但经常被打开，且量比较大，这是主力在采取少买多卖（对倒）的手法，诱骗买盘介入，此时必须果断清仓。

（5）个股形成了头部，股价跌破了颈线。这预示着还要创新低，股票不能再留，应果断卖出。

（6）个股高开低走，盘中试图拉高，但卖压沉重；下方一有接盘就被炸掉，量急剧放出（对倒所为），但价不涨，甚至底部缓慢下移；尾盘虽被拉高，但高度较前一日降低，直至最后无护盘动作。对此，应在股价相对高位时，对准大接盘一笔了断。

（7）个股的日成交量放大到5天均量的2倍，甚至2倍以上时，若是在低位，持股无妨；或是在中位，必有回档，可卖出一半；若是在高位，则属顶部无疑，应清仓。

（8）个股久盘后量增价却跌，表明上方压力沉重，主力想减仓往下做，应迅速减仓。

（9）大盘平稳，但个股开盘即深跌，且不见回升；成交多为内盘价，此兆不祥。不是有个股利空，就是主力在出货或拔档子，宜速卖出。

（10）个股某日若放出近期的巨量，不论是收阴还是收阳，次日半小时内，若成交量达不到前一天的1/8，应坚决卖出。即使不是逃在最高价，日后也有低位补回的机会。

（11）在中高位买进的股票，若不涨反跌，并且跌幅达到7%时，应坚决按停损点认赔卖出，以防被深套。

（12）个股低开低走，且跌破前一天、前一周的最低价，或前一波的波底，或跌破60天内的最低点。这表明，若不是有利空，即是主力在压低出货，或打压拔档，应减磅。

（13）个股业绩增长或送股的利好见报之日，通常是主力出货之时。因主力早就对此利好消息了如指掌，股价已拉高了数日、数周或数月，万事俱备，只等消息出台、人气最旺时出货。因此，凡走势已对利好消息提前作出反应的个股，投资者也应做好准备，趁利好抢在主力前面出货，而不应存有幻想。

第九日

如何追涨与杀跌

追涨是股票操作的基本战术,而杀跌是股票操作的重要战术,也是最快规避风险和获取收益的一种手段。追涨必须在一定的框架条件下进行操作,而杀跌更要依据一定的条件和时机进行。因此,只有掌握追涨和杀跌的要领,才能不败于股市。

追涨的战术

要在股市中获利必须以买入股票为前提。因此，机动灵活地选择有获利空间及获利机会的目标股，是机构或散户必须重视的基本问题。要在行情千变万化的股市中生存，就必须研究发现具有上涨潜力的股票。因此，研究追涨杀跌战术的原则和特点就显得十分重要。当某只股票一旦出现放量向上突破时，大胆并适时地追涨，是一种重要的实战战术。

股市实战中最重要的课题，就是投资者要在利益竞争中获胜。从道理上来讲，低吸是关键，买股票的关键在于买得比别人低，以获取最大的资金使用率来获利，这是入市者最重要的法则。在如今的股票中，市场不再是过去那种买了低指数就能够获利的年代了。如果买错了股票，不但不能获利，而且还要赔钱。如果按专家们的话来说，就是牛市捂股，但若捂错了股票，就可能会错过机会。

主动性的追涨，就是根据市场热点的转移而采用的一种机动灵活的操盘方式。股民要想使自己的选股方向同市场的实际情况相符合，就是要根据市场的状况，依托市场的背景，用部分资金在刚放量突破的主流热门股上进行追涨。

追涨的操盘方式具有以下几点重要的特点。

1. 追涨战术是短线获利的一种操作行为

股市是一个消息市，不少消息通过盘中可以反映出来。一些蛰伏已久的股票常会突然放出量,而股价会与成交量同步放大,这种放量上涨的情况出现后,老练的投资者常会选择一些良机,买入一些短线放量的股票。这种行为的产生与股市中的消息具有较直接的关系。

2. 追涨与投资者的投资心理因素具有密切关系

追涨实际上反映了投资者心理。有的人看上去心态似乎极为稳定,而一旦在股市中进行操作,则会将其个性暴露无遗。一个性情浮躁的投资者在股市中较难以获取丰厚的投资回报,反而会造成极大的亏损。随着股市的成熟化程度越高,性格越是有缺陷的人越容易成为股市的输家。因此,一个人的个性在股市中会得到充分的验证。实际上,在股市中操作成功的人往往是个性极其完美的人。据此,追涨杀跌常会反映股市中操作的两重性,一方面是一些高超的短线高手驰骋纵横、屡创佳绩,而另一方面是一些充满个性缺陷的投资者却屡遭败绩。

3. 技术形态对股票上涨与下跌的支持作用

在大盘或股票上涨的时候,若能买入上涨的股票,而抛出下跌的股票,会给投资者带来较大的操作收益。市场上所存在的追涨与杀跌的行为与技术形态的助涨和助跌有密切相关,股票的涨跌实质上具有内在的规律性。一些盘整已久的股票在成交量的配合下常会出现暴跌的走势,这种情况一旦形成惯例后,就会在其以后的走势中产生类似的效应,追涨杀跌便由此而产生。追涨盘的大量出现还与技术形态正日益深入人心有关。当然,在这种氛围中也易形成相反的操作方法,即容易在头部的时候将股票买进而在底部的时候将股票抛掉。

越是成熟的市场,越易形成追涨杀跌的操作风格,特别在一些大户聚集的地方有时会出现群体的追涨杀跌的风潮。在一个由中小散户充斥的市场中,往往呈现出单纯地以股票的涨和跌为决定是否持有股票的重要依据。不少中小散户在股票买进后不管技术形态如何,总要等待解套后才出局;而在某只股票出现上涨后,有时感到该股股价已很高,不想追入买进。实际上,这类投资者常会失去获利或者斩仓出局的机会。

4. 投资群体的经验性条件反射作用

当市场上不少股票在追涨盘的介入下走出持续性的上涨行情以后，类似暴利性的经验体验会使市场上形成一旦有股票上涨，马上就会有追涨盘介入的效应。实际上，不少投资者在类似操作中，形成一种稳定的操作手法。当某只股票突然上涨以后，基于一种技术上与操作上的经验体验也会在盘中出现跟风的追涨盘。

股市实战中一个常见的现象，就是买入股票后会套牢。套牢最大的问题在于丧失了资金运作的主动权。从实战的情况看，盲目地抄底会套牢；盲目地追涨也会套牢。

对于散户投资者来说，用全部资金抄底，一旦出现选股不当的情况，就会全线套牢。热点产生之后，无机动资金，就意味着丧失操作机会。面对日益扩大的市场规模，主力在阶段性操作中，一般都是对一部分股票投入大量资金进行炒作，可观的上升空间和丰厚的获利机会，必然会吸引跟风盘进行追涨。主力让另一部分股票自动平仓（就是指一部分股票上涨，另一部分股票下跌），以集中大量资金。为掌握资金运作的主动权，投资者必须留出部分机动资金，以便在机会出现时，对主流热点适时追涨，而要做到这一点，就必须对热门股进行适当追涨。

大盘上涨，投资者对个股的机会容易把握，特别是个股的机遇也比较多，追涨是比较好的策略。在 2000 年的股指上涨过程中，投资者随时都可以追涨。特别是行情起步时，追涨抓住了市场的热点，就赢得了丰厚的回报。

一轮大牛市受突然性利空打击，并不会很快动摇投资者的信心，这个时候的反弹力度一定会很大，投资者应果断地追涨。追涨的同时要保持清醒的头脑，一旦出现变盘信号，立即出局。

追涨的要领与方法

一、追涨的要领

(1) 追涨的前提是行情一般处于多头行情的主升段，最主要的特征是大盘及目标股 30 日均线呈多头排列，最理想的特征是大盘及目标股 5 日、10 日、30 日均线多头排列，无此条件需耐心等待机会，而不宜随便追涨。

(2) 技术指标处于中位，KD、RSI 在 50 左右，目标股处于低量或无量后的突然放量。

(3) 市场对新题材的挖掘和盘面的变化趋向一致。

(4) 有基本面利好消息或目标股利好消息的配合。

(5) 追涨的重要条件是要有周详的计划，包括对大盘走势的判定、对主力动向的研究、对市场热点的预测及个股的深入研究，使追涨战术成为一种在主动意识驱动下的操作行为。

(6) 追涨要求有很高的个人素质，具有丰富的实战经验，了解技术分析的前提及基本分析的各种方法，稳、准、狠的操盘手法，要有准确的判断、果断的决心及对目标股背景状况的了解、盘面感觉、信息处理、风险收益对比等及时作出快速反应，无此条件，不宜追涨。

(7) 追涨战术一般适用于行情的主升段，即多头市场，而且是以巨量热点股、刚启动的题材股为条件，盘整市道的放量个股一般不宜追涨，或者只可用少量资金追涨有把握的热门股。

（8）追涨战术要求操作者不断地学习，对技术分析、基本分析在不同条件下的应用，在充分地了解市场风险，对收益与风险的比例在不同的情况下有充分的估计。

（9）追涨战术要求速战速决，打得赢要走，打不赢也要走。

二、追涨的方法

适时追涨，是短线出击获取收益的有效手段。正确的追涨操作，应遵循以下方法步骤。

1. 追涨前的准备

追涨前的准备工作，千万不可忽视，它是追涨成功的基础。具体来说，应做好以下三项准备工作。

（1）确定追涨目标股。行情的主流热点股，具有可观的上涨空间，这是十分关键的。

（2）盘面的综合分析。主要是将大盘、目标股、题材及板块特征结合起来，选择最理想的买卖点。

（3）盘势的分析。比较利多利空诸因素，找出主要的条件和因素，分析各因素在不同的点位、形势下对大盘的影响，选择在目前情况下有较大上涨概率的条件下操作。

2. 追涨的时机选择

把握适当的追涨时机，是追涨成功的前提条件，否则追涨便失去了其意义。在时机选择上，应重点把握以下几点。

（1）开盘集合竞价杀入，主要需具备下列条件：
①特大利好的出现；
②有可靠的先知的信息；
③在此之前庄家有拉高、打压、再拉高、再打压的特征。

(2) 开盘后杀入，主要适合下列条件：

①具有新的爆发力的题材支持；

②目标股从普量突然放大量；

③股价走势形态良好，并伴有拉高、打压的痕迹；

④大盘在经过连跌之后企稳或筑底反弹。

(3) 尾市杀入，主要适合下列情形：

①符合追涨战术的一般条件；

②图表显示目标股在近期有拉抬、打压痕迹；

③指标处在中位；

④在尾盘，目标股出现扫货动作。

在追涨的同时必须注意选择追涨的关键是这种选择必须在某只股票突然出现较大幅度上涨后，买入点应该等待其回档时介入，而不是盲目地在高位买进。因为，从理论上讲追涨可以获得较丰厚的收益，但也潜伏着较大的市场风险。某只股票在放量突破的过程中，并不是没有回档的机会，从股市的规律而言当某只股票经过连续的上涨，后市应该会有一个回抽调整的时程，注意到这一关键，就为短线的追涨创造了建仓机会。

3. 追涨与资金运用

根据追涨资金的多寡可分为小资金追涨和大资金追涨两种。

(1) 小资金追涨。小资金追涨是指中小机构及散户可依据情况的变化或根据经验，根据价位高低、指标和图表，在放量过程中买入，并根据自身素质、性格特点、主力的操盘方法、资金实力、大盘与个股的位置等各种不同的条件，确定追涨资金量和操作资金的比例关系。

(2) 大资金追涨。大资金追涨就是指跟风盘对有确切题材或有消息刺激的个股追涨，前提是有大主力大手笔买入，资金追涨要有获利的机会，就是说能获得坐庄主力的允许，并希望跟风盘大手笔参与。

大资金追涨的目标股条件，一是巨量热门股、题材股，因为大主力已进场，故可以在其放大量时大胆大手笔介入。二是要综合目标股在消息、背景、盘面三者都有一定把握的前提下操作。

大资金追涨行为必须建立在对大盘趋势、目标股背景及盘势特征三者结合起来的情况下，因此投资者追涨必须在明了情况的基础上，并对股票情况在事前有周密的研究。大主力股在一定的情况下，会保持相对的稳定性，能保证投资者的资金进得去，出得来。但是，如果投资者大手笔追入，希望赚钱，往往是以被套的结局居多。而且，大手笔买入一个重要的方面就是手续费很高，低价股除上升空间大以外，手续费低廉也可降低风险。

4. 追涨的目标股选择

（1）充分掌握可追涨目标股的资料。比如对财务报表、基本情况报告、财务分析报告、各种公告等要成竹在胸，一旦目标出现，脑海里必须迅速反映出其特点，可立即找到可采取的决策依据。

（2）分析目标股所具有的题材背景、时代背景。如1996年降息的可能性极大，金融股受惠最大，一旦出现可供追涨的目标股，投资者就可大胆追涨。

（3）根据图形形态，观察指标处于高位还是低位。一般情况下目标股的KD及RSl指标等在中位（45～55）时确立追涨较为安全。

（4）统计换手率。根据换手率确定或推断主力的持仓成本，估量庄家可能出货的方式方法。

（5）利用龙虎榜。查阅静态龙虎榜，找出大机构的仓位变化；追踪动态龙虎榜，透视行情变化中机构的买入或卖出情况。在通常情况下，大主力由于买入账号的分散性及隐蔽性，常常利用龙虎榜来做市，如龙虎榜显示有机构买入，持仓增加，而股价走软，说明有主力在出货；龙虎榜显示大单抛出，有时股价却在上扬，这时反映出大机构在进货。

第九日 如何追涨与杀跌

追涨的策略与技巧

追涨是股市获利的重要手段，但也伴随着相当的风险，因此必须十分重视追涨的策略，掌握娴熟的操作技巧。

一、追涨的注意事项

结合股市实际，把握战机，必须认清市势，适时追涨，综合各种因素进行研判，要注意以下几点。

（1）初涨期与久涨期。追涨成功与否的关键在于瞄准个股行情初的萌芽时期，直至量增价升势头形成，然后果断追入。

（2）套牢与忍受。面对瞬息万变的股市行情，套牢实属平常事，关键在于套牢以后自己要具备坚强忍耐的心态。特别需要指出的是追涨进货，容易被套，千万不能导致心态变坏，烦躁焦急，要有"忍耐如金"的心态，既然追涨买入、套牢以忍耐为妥。非到万不得已，先不忙斩仓出局。

（3）有庄股与无庄股。庄家是支撑股价的脊梁，如果某股有庄坐镇，股价往往易涨难跌。从走势图形观察，发现有大手笔、大买单进场，可果断追涨买入，有良机与庄共舞。相反，那些冷门股，无庄股，全靠绝大多数散户苦苦支撑股价，是经受不住风吹浪打的，千万别去追涨。

（4）多头排列与空头排列。就技术面而言，凡是长时间连续出现多头排列形态，其实意味着技术面要调整的可能性较大，追涨风险也较大。这时候，以少动或不动为上策。相反，若经过长时间空头排列，大盘与个股进入底部区域，倘若再要等一等，难免会有踏空可能，理应分批建仓。

（5）懂得知足与克服贪心。立足股市炒股，不论是追涨买入，还是平常操作，一般讲，若有一档或二档赢利，理应知足。尤其是追涨进货、快进快出是前提，讲究知足是关键，落袋为安是上策。

（6）朦胧信息与明朗化。股市往往对朦胧消息是敏感的，朦胧信息的传播与个股刺激性行情遥相呼应。因此，早追获利，晚追则容易被套住。倘若朦胧个股其股价走势非常坚挺、勇往直前，说明其朦胧信息已渐趋明朗化。此时，切忌再追涨。

（7）稳定市道与调整市道。能不能跟风追涨的先决条件就是要视大盘走势做定论。大盘总体上呈牛市行情态势，瞄准与精选个股目标后，采取分批逐步追入；大盘处于调整状态，甚至还有调整余地或空间，其追涨要倍加谨慎。

（8）量价齐增与量价背离。如果某只股票突然大涨，宜冷静观察其量价关系变化，再决定行动与否。倘若量价齐升，说明涨升基础扎实，上升空间已有效放大，可以大胆追进。相反，微量或无量，实则空涨与虚涨，不排除其涨升步伐艰难，或许是短命的，切忌追涨。要高度重视上涨缩量，下跌放量，实属庄家出货，千万别追，当避而远之，避免被套吃苦头。

（9）正道消息与小道谣传。消息来源，有大道与小道之分，也有官方与非官方之别。对消息要仔细分析、科学研判、去伪存真，由表及里，实在是至关重要的。

（10）凑热闹与赶时髦。当市场主流热点形成来得迅速，去也匆匆时，看上去是强势品种，难排除落花流水，因此，凑热闹冲进去追涨，要谨慎加小心为妙。

二、不宜追涨的时机

股市中并非任何时候均可以采取追涨的方式。追涨最重要的是必须选择好时机。在许多情况下是可以追涨的，但有许多情况是不宜采取这种方法的。因此，对追涨一定要进行合理的选择。

(1) 某只股票无量空涨，一般情况下不宜追涨。这类情况常出现在盘整时期，某只股票会突然上涨，成交量并未有效放出，这类情况常表现为庄家的一种自拉自唱的行为，一旦跟进被套的话，常会在较长的时间难以出局。

(2) 大盘与个股的技术指标已处于较高位置时，一般情况下不宜追涨。即使追涨的话，也应该在该股刚开始起涨阶段进行逢低吸纳，但如果已上涨一定阶段，就不能盲目追涨。

但在具体操作时的确难以判断，这需要将大盘所处的位置以及市场热点等综合因素进行研究。

(3) 在当日走势图上，某只股票拉出旗杆似的走势，并且成交量不大，这时一般不宜杀入。在某只股票直线上行时买入的股价必须比盘中出现的价位起码要高出几角以上，否则一般不易买进。当日大盘如果跳水下挫的话，很可能在当天被套，等第二天再要割肉出局已来不及了。

(4) 某只股票当日若成交量过分放大时，一般不宜在当日介入。这类情况出现在某只股票出现巨量上涨后，第二天庄家必会进行洗盘，不会轻易再进入拉升，即使庄家不进行洗盘，必有许多短线客需要获利了结。因此，在其当日放量拉大阳后以不介入为佳。

三、追涨的基本策略

确定追涨后，投资者要注意以下策略。

(1) 研判庄家在历史上所采取的战术及近期可能出现的新战术。

(2) 了解目标股庄家的资金实力、操盘技术及操盘特点，主要是根据盘面分析来看，大量股意味着大实力，小量股意味着小实力；追涨适用于大量股。

(3) 追涨之前应保持心态平稳。

(4) 在追涨领头羊时，可考虑在相同板块上建仓。

(5) 作庄家建仓迹象的判定，出货途径的估量，及大盘涨跌因素的估计，等等。

(6) 设置停损点。

(7) 了解目标股与同板块股之间的关系，如联动性强弱、比价效应大小、量价配合情况、涨跌顺序、放量方式等。

(8) 追涨买入的价格要尽可能低，一般以追涨资金的5%为宜。

(9) 追涨目标股若属于小庄家，则宜在回档缩量时买入。

(10) 行情紧张时，密切注意盘面，根据盘面量能变化，价格形态的变化，随时调整投资策略。

(11) 要以最大的决心和最快的行动，对持股或减仓作出决定，或捂或抛，不可迟疑；犹豫不决，则可能被动，甚至可能深套。

(12) 获利应注意回吐。

(13) 在消息虚假或消息未经证实的情况下，或因涨势出利好，高位平衡（K线十字星）出利空，行情火暴出利空，升幅过大出利好等情况下，都要果断抛出。

四、追涨的戒律

出现下列情况之一时，投资者不宜追涨：

(1) 前交易日大盘暴涨后，目标股放量上攻；

(2) 大涨之后出现利多；

(3) 目标股前交易日放巨量暴涨推升；

(4) 大盘与个股走势出现背离；

(5) 目标股普量推升。

杀跌的要领

杀跌战术的展开，必须根据大盘的走势、并以具体的时间和条件为转移以及股指的位置进行选择，并结合个股的盘面特点决定杀跌的必要性，做到既果断杀跌，又不盲目杀跌。

一、杀跌的前提条件

杀跌是一门较深的操作技巧，杀得好可以使持股成本大大降低，同时又可以在低位对该股进行回补，回避风险。当盘中出现以下几类情况时，应该杀跌离场观望。

（1）正确的杀跌应该是某只股票在抛出后有较大的回补空间才属于正确的操作方法，若在某只股票处于跌无可跌时再杀出，这种杀跌则属于"乱杀"了。

对一个成熟的操作者来说，在某只股票初涨时介入，在其终涨时抛出是股市制胜的常胜将军，但若在初涨时追涨买入，在初跌时杀跌出局也不失为股市的高手。某只股票在放量下挫时，第二天低开，在这种情况下一般宜在其当日盘中出现反弹时杀跌离场观望。如同短线追涨一定要在刚开始上涨时买入一样，杀跌一定要杀在该股的下跌初期。当股价初跌时，许多人以为是该股进行必要的回档，或者认为是庄家的洗盘，而第二天该股继续下跌时，不少人不仅不卖出，反而买进，使其深度被套。在初涨时买入对每个股民来说较易做到，但在初跌时抛出却是十分不易。股市的上涨与下跌有规律可循，当其拓展上涨空间后会有较大的赢利空间，而下跌同样也会出现一定的空间，每只股票的涨涨跌跌大多经历了初涨、中涨与终涨，初跌、中跌与终跌的过程。

从股价初跌的迹象分析，大致可分为以下两种形式。

① 在某关键位置放量突破下行，这时应该杀跌出局。某只股票放量下挫，说明庄家有出货的迹象，因此，必须与庄家同时出货。

② 均线系统开始有回头的迹象时，可认为是初跌的迹象。可以将技术指标根据实战的需要进行设定，比如说可将均线系统设定为3天、7天和55天，若发现3天和7天均线出现回头后，则可认定为初跌阶段的来临。这种操作有时可能会错，但大多数情况还是比较准确的。

(2) 当大盘出现技术上的反转形态时，应该杀跌离场观望。这一反转形态在技术上常表现以下几种形态。

① 乌云盖顶。这种情况一般出现在股指大幅涨升之后，突然在某日走势图上伴随巨量下挫，在日K线图上出现一根较长的阴线，并将前几日的阳线吃掉。在这种情况下，应采取认输出局的方法，杀跌离场。

② 岛形反转。在前一日出现向下跳空的缺口后，第二日又出现一个向下的跳空缺口，使得两个缺口之上的K线图形成孤岛之状，这种情况一般来说是可靠的卖出信号。

③ 某只股票在连涨数日后出现射击之星，并且出现较大的量，这种情况一般应杀跌出局。

(3) 某一天大盘或者个股在盘整多日后突然跳空低开，这种情况一旦发生，应该在大盘反弹时杀跌出货。

若发现盘整已久的股票存在低开后并且未能回补当日的跳空缺口的情况，正确的操作方法是在其反弹过程中斩仓出局。

盘整后跳空低开有两种情况。

① 属于技术上调整失败的形态。当股指或者个股在上行、下跌至一定阶段后，多空双方会在某一点位或者价位进行整理，一旦出现低开后低走说明空方已战胜了多方。

②在利空消息出现的情况下低开低走。跳空低开常会受到消息面方面的影响，特别是某些上市公司出现重大的利空消息后，常会使该股进入跌停板。

受利空消息影响而出现暴跌后，还是应该采取止损出局的方法，这种出局方法可以在当天开盘后，在大盘或者股指跳空低开后出现反弹时选择机会出局。正如上涨不会一口气涨至头一样，下跌也不会直线跌至底，盘中会有反弹机会出现，这种情况是杀跌出货的好机会。

在股市中常会有这样的情况：有的股票走势较为强劲，并且始终形成上升通道，但突然某天在上涨过程中却出现了低开。这种情况出现后，往往预示着短线多头的能量用完，空头的力量随之将占上风。

二、杀跌的基本要领

采取杀跌战术，必须掌握以下基本要领。

(1) 当市场利好消息接踵而至时，应随时准备卖出股票，利好出尽是利空，往往消息明朗时，股价早已下跌大半，导致投资者措手不及。

(2) 善于照顾大盘与目标股之间的同向、异向的变动关系及目标股上推量能等方向的关系，从中找出变动的规律。

(3) 善于观察盘面、形态、消息、舆论等方面的细微变化，在对盘势作出准确估量的基础上，迅速作出反应，就是确定卖出哪种股票，卖出多少，等等。古人所谓的"见微知著"就是这个道理。

(4) 杀跌的重要前提是知变，就是对消息、对量能、对周边各种因素的影响有一个准确的、快速的知变过程。

杀跌的意义

在实际的炒股过程中,"追涨杀跌"是一种投机操作的代名词,杀跌就是在大盘向下走的时候股民纷纷卖出股票,意义就是要股民顺势而为。股票下跌时甚至亏本(割肉)也要卖出股票,这就称之为"杀跌"。

根据股市的实际情况,杀跌术从一定程度上来讲,一般可分为两个方面:一是大量抛出手中股票,称之为出货;另一是卖出一部分股票,称之为减磅。在股市实战中,买股票的目的就是为了获利。但要获利,必须以选择有利的卖点为前提。因此,虽然人们常常谈论投资股票的买点选择是十分重要的,但是在许多情况下,投资者只有果断抛出股票,方可保卫胜利果实,同时也可避免处于套牢的被动地位,使投资活动向良性的方向发展。果断抛出股票的行为,就是股市实战中的杀跌术。

大盘在平稳运行过程之中,往往蕴藏着市场的风险,市场分析人士常常告诫投资者:不要轻易追涨或杀跌。追涨杀跌虽然风险较大,带有一定的投机色彩,但与追跌杀涨相比,显得积极主动一些,而且对于个股的把握程度也要高一些。因此投资者在具体的个股操作中不应刻意回避追涨杀跌这种策略,而应当用理性的眼光来看待。虽然追涨杀跌是一种可取的操作手法,但在操作中也必须遵循一定的原则和遵守一定的操作策略,否则一不小心很容易就导致损失。

比如 2000 年的牛市行情,连续八个月后,终于出现了跳水,这种跳水虽然是受利空传言的影响,但是市场本身根基不稳,所以杀伤力比较大。当沪指在 2100 点左右的时候,明显是冲高无力,而且成交量一直没有有效放大，追涨的热情没有被激活，在这种状态下市场随时都会出现下跌，只要出现下跌，自然就会有利空传言，当时 B 股受传言困扰出现全面急挫，A 股也随着出现跳水。在这种尾市的急跌过程中，投资者应该有断然的杀跌决心。如果这次错过了杀跌出货机会，就不宜在连续下跌时斩仓，大盘在第一次下跌后，就出现连续的上涨，但在 2100 点再度遇到压力。当再次出现跳水时也是杀跌的时机。因为杀跌承受了巨大的损失，但在高位杀跌是在进行自我保护，以避免更大的风险。特别是下午 2 点半以后出现的跳水行情，投资者应该果断杀跌。杀跌对投资者来说是很难承受的，因此，在股市实战中，杀跌具有普遍的实践意义。成功的杀跌，不仅能保住胜利果实，而且有了灵活机动的资金，可以掌握在市场上的主动性。

杀跌的原则是要判明大势，顺势而为。无论是跟风个股也好，还是对整个板块看淡后的杀跌也好，都必须考虑大势这一重要因素，切忌逆势操作。因为如果大势向淡，那么个股或整个板块中个股的短期涨势将不能持续，使跟风失去意义；如果大盘向好，那么个股或整个板块中个股的短期跌势将不能持续，杀跌则失去意义。

杀跌的时机

成功杀跌的关键，在于时机的选择。出现下列情况时，应果断抛出手中的股票，必杀无疑。

(1) 趋势线有效击穿，5 日、10 日、30 日均线空头排列，特别是 10 日均线与 30 日均线在高位死叉。

(2) 连续涨势出现长黑并放大量。

(3) 连续大涨后出现的天量长红。

(4) 人气疯狂、领涨股走软、大盘萎缩。

(5) RSI 连续 80 以上且 K 线上影线很长及高位出现十字星。

(6) 大盘股开盘巨量上攻后量缩。

(7) 大涨后出利多。

(8) 同板块批量个股出现高位走软或跳水。

(9) 趋势反转高平台跳水。

(10) 大盘跳水还持有获利盘。

(11) 尾市放量上攻，第二日开盘急急拉高后量缩。

(12) 空头市场出一般性利多消息或题材。

(13) 价增量减或价增量平。

(14) 弱市反弹量缩。

(15) 行情火暴出利空。

(16) 大盘调整而目标股小量推升。

(17) RSI 连续三次顶背离，即股价创新高而 RSI 不再创新高且大盘走软时。

杀跌的注意事项

一般而言，实施杀跌战术显示出投资者的果敢决心和不贪、止损的良好心态，是进行股市操作的重要素质。但成功的杀跌应该是基于理性的操作，即所谓"该出手时就出手"，不该抛出时决不抛出。

一、杀跌的注意事项

当依据给定条件,实施杀跌战术时,应注意以下事项:

(1) 按照必杀战术产生的条件果断地确定必杀的决心;

(2) 必杀战术要求迅速地采取行动;

(3) 必杀战术必须照顾关键技术位时的基本面和消息面、主流目标股及盘面反应等方面的关系。

总之,投资者要在股市实战的利益竞争中获利,就必须毫无例外地掌握一切实战的方法和技巧,并根据自己的经验加以总结和改进。当然上述的一系列战术原则对股市复杂的实际情况来说,是非常粗略的,因此投资者应当切记:一切实战的原则,必须依当时的盘势与背景的变化而变化。

二、不宜杀跌的几种情况

杀跌固然是回避风险、保住既得收益的有效手段,但在以下几种情况下,不宜采取杀跌的战术。

(1) 当某只股票已经暴跌数日后,一般情况不宜杀跌,这样很可能杀到最低价。因为,即使该股可能连续下跌,但在已经盘跌多日后不该杀跌出局,既然有下跌,必有一次反弹机会,若不看好该股的话,应等到该股在进入反弹时出货。股市中的买卖行为与投资者的心理因素密切相关,贪婪与恐惧的人性弱点会在股市中充分暴露。在某只股票进入下跌通道之后,不少投资者在该股第一次破位下跌过程中常会怀有一种幻想,认为该股短线会有反弹,而当其持续下跌后,极容易失去持股的信心,不少投资者会在股票连续下跌几天后,将股票杀在底部,而手中的股票抛出后却出现了上涨,经常出现类似的情况后会使投资者的投资热情严重受挫。

若遇到持续下跌时,应该首先克制恐惧,应该根据技术形态上的走势进行操作，这里可参考黄金分割率的方法。根据黄金分割率原理，在大盘与个股下跌至 0.618、0.5、0.382 等重要位置时将会遇到较强的支撑。据此，投资者在操作中若手中的股票出现下跌，则应观察是否会有以上重要位置守住，不能守住的话则会有进一步下探的趋势。一旦发现初次下跌不能守住 0.618 的位置应该坚决斩仓，等待其下跌至 0.5 或者 0.382 的位置再将其补回来。

（2）当某只股票进入无量盘整时，不可盲目杀跌。这样很可能在底部区域失去筹码。观察其是否会继续下跌，可观察该股成交量变化，当其在前几日放量下挫后，当日成交量仅前几日的 1/3 或者 1/2，这时，不必盲目杀跌，成交量稀少说明空方打压的力量已明显减弱，没有愿意抛出筹码的情况往往会使该股下跌动量不足，这时，有资金的话反而可以进行逢低吸纳。

（3）对一些庄股不必轻易杀跌。介入庄股是获利的好机会。但炒作庄股的风险很大，这种风险常表现在耐不住庄家的折腾而杀跌亏损。庄家往往会想尽一切方法进行洗筹，特别是追涨介入某庄股后，当大盘上涨多时，其他一些个股都生龙活虎，有的甚至很轻松地进入涨停板，而自己介入的股票不涨反跌，这时，有一种杀跌的冲动，这种情况常会发生。有不少股民会发现，当自己杀跌出局后，该股第二天却一个劲地上涨，而当日追进的某只股票第二天却像瘟鸡一样，这样的操作常会搞坏一个人的心态。因此，若投资者确认自己选择的个股没有错的话，即使它一时不涨，也不能轻易杀跌，特别不可轻易割肉。

（4）当天买入超强势股后被套，第二天不宜盲目杀跌出局。不少投资者既喜欢追涨，也容易形成杀跌的操作习惯，特别是盲目买入一些当天走势极强的品种后，常会感到很紧张，第二天一旦遇到下跌便匆忙将其抛掉。实际上，一些超强势股即使出现了下跌，一般不会轻易地改变其强势的特征。对强势股是否割肉需要仔细、认真研判，若该股属于第一次下跌，不仅不可割肉而且还可当天买入，但要观察其成交量的情况，像有的股票在短时间内成交量极大，这类股票即使出现下跌，也会有反弹机会的来临，因此，在操作中不必看到下跌就割肉。

第十日

寻 找 庄 家

　　庄家是我国股市的重要特征之一，股市中的庄家通常是指持有大量流通股的股东。庄家和散户是一个相对概念，与庄家共进退是获取最大收益的有效方法，本章详细介绍辨别庄家的方法和庄家操盘的步骤，以及如何寻找庄家。

什么是庄家

庄家是我国股市的重要特征之一。股市中的散户炒股只要跟上了庄家，便一路风光，获利丰厚。没有庄家炒作的股票，即使业绩再优良，股价也仍会原地不动；而有庄家炒作的股票，即使是垃圾股，也可以一飞冲天，即使是ST股，也照炒不误，依然股价翻番。因此，股市的真实写照就是"股不在好，有庄则灵"。

要想知道庄家是怎样对股票进行炒作的，以及庄家的操盘手法有哪些，那么就要先了解一下谁是庄家。

一、上市公司庄家

上市公司用自有资金、拆借资金或者通过某种渠道将上市募股资金用来坐庄，活跃了股性，获取了暴利，也维护了公司在二级市场的形象。有的公司为了配合内部职工股上市或顺利进行配股而采取行动，也有的公司纯属为了获利而兴风作浪。因此，上市公司庄家就是由上市公司自己坐庄，炒作本公司股票。

上市公司庄家操盘有如下三个特点。

（1）根据需要制造消息，编造题材，随心所欲。如公司放出风声：年报有高比例送股，散户得到消息后纷纷跟进，庄家则乘机大量派发，当货已出尽，公司通过股东大会否决分配预案，结果散户竹篮打水一场空，庄家却笑看云起。

（2）抗跌性强。上市公司坐庄的股票，在大盘下挫的过程中通常比同行业其他个股的下跌幅度小，主要是由于庄家的护盘行为所致，但此时一般也不会有上涨的表现。如果在盘整市道或上升市道中有庄家吸货的迹象，则将有利好消息出台。

（3）做亏本买卖。为了维护本公司的市场形象，上市公司会出来护盘，不惜冒被套风险，将上档抛售筹码接在手中。

二、基金庄家

证券投资基金是我国股市最重要的庄家之一。根据有关规定，基金必须每三个月向社会公布一次投资组合，公布组合中市值最大的十只股票，基金往往需担负一定的稳定大盘的使命，但主要是以赢利为目的。这种主力较多地体现为个股主力的角色。按照法规，其持仓最多可达个股总股本的10%，落实到流通股本小的个股，往往可控盘30%以上。因此，基金持有的个股及数量和多家基金共同持有哪些股票都会一目了然。

证券投资基金有如下操盘特点。

（1）利用政策和地位的特殊，具有对上市公司的信息（业绩、送股和题材等）的把握和价值再发现的优势。

（2）以组合投资、分散风险、力求资金的安全为原则。

（3）崇尚绩优，注重价值，通常投资发展前景好的热门行业，选择股票时，绩优股等所占比重较大。

（4）持股时间相对较长，有资料显示平均持股时间为220天。

（5）套牢不能割肉，不能往下做，只能靠优先配售新股来补偿损失。

（6）与原所在券商有千丝万缕的联系，在选股上亦有较大的契和性，利益相关，故赢利做不高。

（7）在操作手法上，与通常庄家操盘手法并无二致，最近曝光的有关"基金黑幕"，并非空穴来风。

三、金融机构庄家

信托投资公司曾经是股市的重要庄家之一，但随着证券投资基金以及其他机构投资者的大举入市，已渐式微。金融机构庄家主要是非银行的信托投资公司。在金融机构庄家中，也有银行机构违规参与炒作的现象。

金融机构庄家的操盘特点如下。

（1）以追逐收益为主要目的。这类庄家入市炒作，目的就是为了圈钱、赚取暴利。

（2）在操作时间周期上以短线为主。由于投入资金来源复杂，大多为短期拆借，只能进行短线操作。

（3）融资渠道多。信托投资公司不仅可向银行拆借资金，而且可以吸引社会资金甚至境外资金入市炒作，有时资金大到使人难以想象。

（4）在操作手法上激进凶悍。一般在底部启动，大市向好时吸货，然后猛拉猛抬，进入高位后大肆砸盘，令跟风者措手不及。

四、券商庄家

券商庄家即证券公司做自营的庄家。申银万国、国泰君安、南方证券、海通证券、国信证券、国通证券等大证券公司都是在股市中呼风唤雨的主力炒家。

券商庄家操盘的重要特点有如下几种。

（1）坐庄的时间不太长，一般为三个月左右，最长半年。这是因为，其相当一部分资金是短期拆借而来的，或挪用客户保证金，故不可能打持久战。尤其是每年年底前，一定要退出。

（2）坐庄目的多种多样。有的券商主力是为了弥补低迷市道交易费收入的不足，而去坐庄获利；有的券商主力是为了完成全年创利指标而大举坐庄；有的券商主力是接受上级指令而入市护盘；有的券商主力则为了完成承销配股的任务，而去维护某只个股的市场形象。

（3）信息灵通。由于大券商都设有发展研究中心、投资银行部、调研部，有大批调研人员。因此，不仅对国家金融政策的变化反应敏锐，而且利用其担任上市公司的推荐人、配股承销商等便利条件，对上市公司的重大信息能做到"近水楼台先得月"。因此，坐起庄来，心中有底，胆大艺高。

（4）注重成交量。券商坐庄时如能提高成交量水平，可以多赚取手续费，因此，高抛低吸，短线进出频繁。

（5）券商常年与股市打交道，经验丰富，其操盘水平自然高于其他庄家。券商庄家拥有高水平的从业人员，专业水准高。

（6）如果股价跌破配股价，股民通常会放弃配股权。这时券商为了完成承销配股的任务，而去维护某只个股的市场形象。在大多数情况下，券商在配股前要进行拉升，以吸引短线跟风者，然后向下砸盘，将这些筹码锁定在高位，使套牢筹码被迫参与配股。

五、杂牌庄家

这类庄家相对前述庄家实力较弱，但具备某一方面的优势，如资金优势或技术优势，等等。他们往往与券商或将要炒作的上市公司联手坐庄，然后赢利分成。这类庄家主要有其他一些机构投资者、私营投资顾问公司和个人超级大户等，因此把他们归类为杂牌庄家。

偶尔也有机构投资者单独坐庄，它提供资金和信息让其相关的企业、下属公司或是亲朋好友做跟庄者，一起哄抬股价，在达到目标价位时，通知相关跟庄者先出货，尔后坐庄者与相关的跟庄者均可获利。万一出货不顺利，庄家宁可受困，也要让一些相关企业和跟庄者出货赢利，因为庄主所压的资金是国家的钱，而赢利的则是公司高层管理人员及相关的个人。这类庄家一般都采取短线操作，要求速战速决，见好就收。

如何分析庄家

任何投资者入市，都是为了赚取收益，机构投资者也不例外。为争取收益的最大化，所有庄家都会使出浑身解数，动用各种手段，以达到坐庄的目的。但在操作手法上，各路庄家又各有各的手法。

一、强庄与弱庄

庄家的强弱是庄家机构综合实力的表现，主要是庄家在目标上集中使用的资金及其他资源的差别。同时，强弱也是相对的，相反，没有章法的大庄家也会表现得疲弱。

（1）强庄总是表现在个股走势上，持仓量大，股价升幅高，上升势头猛，重要的一点，是完成出货之后的股价能够维持长时间的高位，不会大幅跌回坐庄之前的价位。市场好时，庄家的强弱分别不是很大，市场淡时，强庄的气派就显得分外醒目。

强庄资金投入大，手法凶悍，富有冒险精神，也会付出一定的代价。强庄持股，经常居高不下，股价越做越高，越贵越买，市场上升幅度超过300%的股票为数也不少。跟上强庄股是炒股人士的理想。

（2）所谓弱庄，就是庄家缺少足够的资金实力和胆识，他们信息十分灵敏，但缺乏专业性，缺乏对大市的判断能力，操盘手法没有系统性。由于实力不够，抗御和防范风险的能力有限，资金的周转经常处于不安定状态，市场一有风吹草动，庄家掉头撒腿就跑。他们最重视技术分析和消息面的配合，但没有进行一系列业务操作的能力和条件，没有制造各种题材的创意，只能被动地等待市场环境的推动和转变，实现自己的目标。

二、善庄与恶庄

（1）所谓善庄，其立足点往往在于对某只股票的价值再发现，一般会对准备做盘的个股作长时间的调查研究，坐庄的时间也较长。通过庄家的发现和炒作，股票价格翻上几倍。这类庄家较少打压或振荡洗盘，任由散户跟庄，散户撤出时一般都可以带着赢利走。

（2）恶庄的特点。

①庄家因大势判断失误，自己反被套牢，被迫坐庄做盘。为寻求解套，便虚构出种种题材，然后凭借资金实力，用放量对倒手法引诱投资者跟进，自己趁机出逃。后来自然是题材落空，股价大幅跳水，跟进者统统吃套割肉，庄家反手获利。

②恶庄之所以恶，就在于操作手法凶狠毒辣。庄家一旦吸筹完毕，便大肆振荡洗盘，使意志不坚定者人心惶惶，恐慌割肉。在获利套现时，庄家由于持仓成本极低，便采取野蛮的出货方式，动辄放出上百万股的单子，一下就斩掉七八个百分点，封上跌停板，散户根本没有机会出逃。

当股价到达峰值时，庄家为达到快速出货的目的，往往采用连续跌停的手法。通常当股价刚开始回落时，庄家即开始准备用跌停手法，初遇跌停，使对该股报有更高期望的投资者处变不惊，以调整心态对待，当连续跌停出现时，已经出现不少套牢盘，特别是短线跟风盘被套其中，于是纷纷介入抢反弹，然而，此时不想让庄家逮住，几乎没有可能。

三、大庄与小庄

若是大庄，唯恐底部筹码捡得不够，股价涨了一点也不会宣传。直至建仓完毕，拉开空间后，才会宣传其题材。此时跟进，股价还会涨一段。因为，只有当股价远离了庄家的成本区，庄家才出得了货。若是小庄，股价刚刚上涨，就开始到处宣传。当大众跟进后，股价只推高一点点，庄家便出货，股价遂回到原地，于是，引来割肉抛盘一片，从此，该股票一蹶不振。

四、获利庄与套牢庄

跟庄先要弄清主力的持股成本和操作惯技。若某庄股一路上扬，指数在1200点，股价已相当于1500～1600点的水准，庄家的成本仅9.10元，而股价却已上了16.17元。对此类"获利"庄，即使个股的业绩、方案再好，也只能少量跟进，以防庄家利用人们过高的期望值，压低1～2元乘机撤庄，靠数量取胜。但是，若庄家在15～17元大量持仓，因大势不好，一路对倒往下做，在9元一线拉平台，大量补回后再往上做，且刚开始放量上行，一般而言，跟这类庄（套牢庄）比较安全，因为庄家成本比你高。

五、单个庄与联手庄

庄家自己坐庄进行股价的拉升和出货为单个庄。

多家机构为了达到重大的共同目标，尤其是需要扭转大市走向的时候，共同策划，选择组合目标，集中操作，进行大规模、大兵团的作战，这就是联手坐庄。这种行情极为少见，但在特殊情况下，也是存在的。

庄家如何坐庄

庄家坐庄的过程，一般要经历五个阶段：调研策划（前期准备）、低位吸筹、试盘洗盘、股价拉升、派发出货。这五个阶段称为庄家操盘的五部曲。除调研策划要在前期完成外，其余四个阶段在正常情况下一般是按部就班进行的。然而股市变幻莫测，各阶段的操作手法很难截然分开，往往是吸筹、洗盘和拉升并举，多管齐下。

一、前期准备

庄家坐庄之前，必须完成一系列的前期准备工作，这是入市操作获取成功的基础环节。每个精明的庄家都把坐庄的全过程视为一项系统工程，使各个环节的工作尽可能协调和完备。

1. 资金准备

融资手段在我国不长的股市历史中，发展得相当快，从早期银行资金违规贷出，到上市公司募集资金的挪用，再发展到证券公司挪用投资人保证金等一系列违法违规手段，在《中华人民共和国证券法》实施后，证券公司都不敢违法直接挪用投资者的保证金，但可以将存入银行的保证金作为担保贷出资金，供第三方（庄家）使用，券商只需监督庄家设于本公司资金账户的止损情况即可。

因此，坐庄之前，庄家一般都会有一大笔随时可调用、使用周期相对较长的资金（如自有资金），但为了使资金增值最大化，多数庄家仅用自有资金吸纳仓底货——最廉价的筹码，而采用各种融资手段来筹集拉抬资金。

2. 人才准备

在庄家背后有一群人在共同活动。这是坐庄成功与否重要的一环。优秀的操盘手、政策研究员、行业分析师以及高级公关人才等，都是坐庄时重点招揽的对象。庄家之所以能在市场上呼风唤雨，除了具备散户力所不能及的资金实力之外，还有散户所不具备的信息优势、技术优势和人才优势。对于券商和大型投资基金，他们天然具备人才优势，这一环节一般都不会有问题；但对于投资公司、个人超级大户而言，这一环节就非常重要。

一只股票只配备一名操盘手。实施方案一经确定，操盘手就要充分了解方案的实施要点，并从操作的角度提出意见或建议，以进一步完善方案。实施方案是机构庄家的最高机密，只有少数几个核心人物知道方案详情。政策研究员、行业分析师负责调研策划，在经过充分的可行性论证分析后，提出多个预备方案，供高层决策参考。

3. 调研策划

调研分析中，要对当前的经济形势、政策导向、资金调度、目标股选择、入庄时机等一一进行可行性论证。若各方面都能得到配合，并且没有其他主力机构大量持有，决策者就会安排资金运作部的操盘手进行吸筹。

机构主力要对某只股票进行炒作，首先会经过市场投资分析部进行调研和考查，考查不是一般性的调查，而是对该股中长期时间内有无投资和投机价值进行分析，以及上市公司是否配合炒作亦是重要的因素。

4. 保证金账户准备

绝大多数庄家并非以其真面目示人，而是在券商处以一个资金账号挂一批个人证券账户（股东代码卡号），有的在证券公司开户时，要求券商去负责准备这批个人账户，券商出于交易额和佣金回报的利益，都会乐此不疲，这样，庄家就以个人投资者的身份进场。

二、目标股选择

目标股的选择，对于庄家来说，是坐庄成功与否的关键。拉升空间与时间，炒作的题材能否成为市场的热点，都是必须考虑的重要因素。

目标股必须具备以下几个特点。

1. 低价股

对于庄家来说，选择低价股不仅具备了足够的拉升空间，而且投入的资金量相对较少，在进行炒作的时间和空间上，有较大的回旋余地。

庄家选股的首要条件是价格，就在市场上做中短线而言，所选股应当已无获利盘，最好是距市场平均持仓成本低50%以上。条件不满足时，有时庄家会先牺牲自己，吸一部分筹码，然后利用空头市场氛围，用这一批筹码砸盘，直至股价达到理想价位为止；还有的庄家与上市公司勾结，出利空来达到目的。这样虽然违法，但因为效果显著，追查有困难，也常为庄家所用。低价股也更适合广大中小投资者的胃口。

2. 冷门股

通常庄家所选股票都是以散户持仓为主的股票。由于盘子的扩大和热点的频繁转移，市场总有一些长期得不到人们重视、甚至被遗忘的冷门股。由于老主力早已退出，因此，这类股的股价特别低，也少有人光顾。主力便根据市场的相反理论，专买人人都弃之的股票，制造题材，把它炒热，使冰点变成热点，常常可以获得十分丰厚的收益。所以，连续下跌，无人问津多时的股票最为庄家所爱。

3. 超跌股

连连上涨的股票，决非庄家所看好的股票。庄家建仓，一般都选择连连下跌，甚至股价被腰斩的股票。如果盘面出现股价连续上涨，那是庄家在拉抬，并非建仓。

4. 潜在题材股

庄家选股还有一个重要条件，就是目标股的潜力，即我们常说的"题材"、"概念"之类的炒作点。

综观我国股市，题材是国家政策和发展战略的体现。显然，市场的题材发现，有很多潜力是庄家先人一步发掘出来的。同时，更多的潜力是庄家联手上市公司包装出来的。当然，庄家选择目标股还有其他的一些标准和条件，但最终要完成的就是低价位吸筹、包装、拉抬至高价出局，最终实现获利的目的。

5. 大盘股

庄家之所以选择大盘股，大多是出于护盘的目的。目前，股市中上亿及数亿盘子的股票越来越多，若非在牛市行情，此类大盘股很难炒起来，加上跟风者寥寥无几，主力难以达到控盘的目的，拉升困难，收效甚微，故大盘股不为庄家所看好。

6. 中小盘股

这类个股既有利于主力控盘，更因其具有股本扩张的优势而容易在除权后派发，故最适宜主力做中线投资。

三、入市时机选择

选择适当的时机入市建仓，是关系到庄家操作成败的重要因素。如果时机不成熟，庄家会耐心地等待。

1. 经济低谷或大盘底部启动之际入市

宏观经济运行处于低谷或股市大盘处于底部行将启动上升时，是庄家入市建仓的最佳时机。

在经济衰退期，经济处于低谷需要一个较长的时间周期才能出现，但大盘底部的出现，每年均有 1～2 次，而庄家选择这个时机入市，同样可收到奇效。

2. 年底入市

每年年底，各单位都要进行年终总结和财务决算。此时，股市受传言、消息的影响比较大，波动剧烈。因此，主力在大盘或个股年底的低点上逐步建仓，往往不易被人发觉。即使跨年度持仓，胜率也比较高。

3. 中报公布之际入市

每年的 7～8 月，股市都很低迷。一是因为市场对中期报表的预期炒作已结束。二是每年 6 月底以前，证监会必须把已经上报的新股发行和上市材料审核完毕。一般而言，当 8 月 31 日财务报表出齐之日，也就是利空出尽之时。这时出现的指数低点，正是主力建仓之时。因此，每年 6 月下旬和 7 月上旬，扩容节奏特别快，密度特别大，造成了众多的新股低开、低走、低定位，把二级市场上的同类股票一起拖下台阶，使指数下挫。

4. 波段底部入市

波段底部是短线庄家入市的重要时机。短线庄家采取这种波段操作，一年当中可以炒作好几个来回。庄家选择这个时机入市，会在下跌接近尾声时主动买套，等股价一旦企稳，喜欢短线抄底的投资者就会蜂拥而至，庄家可轻易地将股价拉高，如果大盘处于调整或向上的市道中，对庄家更为有利。

5. 公司业绩改观尚未公布之际入市

ST 股脱帽，绩差股大幅扭亏为盈，都是很好的炒作由头。介入这类股票犹如价值发现，市场认同度高，庄家进行炒作如水到渠成。

上述时机，是庄家入市建仓的重要时机，也是首选的入市时机。当然，不能排除庄家选择年初形势尚不明朗时、震荡箱的底部以及政策出台重大利空等时机入市建仓。作为投资者，关键就是要把握庄家选择入市时机的共性（规律），才能发现庄家入市建仓的征兆。

庄家的试盘和洗盘

庄家试盘与洗盘的目的就是试探市场反应和洗出散户筹码，达到进一步控盘，以减轻拉抬的压力。这是庄家在股价拉升前惯用的手段。

一、庄家怎样试盘

庄家为确保股价拉抬成功，要做许多准备工作，比如研究拉抬时机，与上市公司和媒体挂钩要求配合，进行冷处理和折磨信心不足的散户等，但具体的还要试盘。

试盘的方法是把筹码放在大笔买单里，把股价推高，看市场的反应。如果拉高后无人跟风，说明盘面轻，相反若有人抢盘，就成功了一大半。表明市场反应良好。

接下来，还要试试下面有没有跟庄的其他大户主力。常用手法是操盘手突然撤掉大买单，突然让股价回落，然后在卖盘上挂上大卖单，加上主力的打压，这时股价回落。证明下档买盘少，没有其他主力吸筹，分时图上的跳水图就是上述方法造成的。

试盘的具体方式如下。

(1) 开盘交易当日，主力庄家为了测试该日的卖压程度，利用开盘时抛出一笔筹码，将股价压下来，如果庄家看好后市，已吸了些筹码，则当日或继续收集或洗盘，或被动护盘，不适合拉抬；如果庄家不看好后市，可能先拉高，然后出脱手中持股，到尾盘反手为空。如果随后出现下跌并超过庄家预期幅度且成交量放大，说明当日卖压重，散户不因价跌而惜售。

(2) 为测试散户持股意愿，庄家在开盘时先低价抛出一笔筹码，随后股价缓慢下滑，且下跌量缩。这说明，散户惜售，不愿追杀。主力如果看淡后市，当日可拉高后再出货；如果看好后市，可以顺势拉抬，不必再往下洗盘了，因为此时浮码已较少，自己抛出去的筹码都不一定能以原价买回来。

(3) 庄家为了测试散户追高意愿强弱，往往会报出强势开盘价。如果散户看好后市，踊跃购买，表现为价涨量增。面对此种旺盛人气和强烈的追涨意愿，庄家往往会因此决定拉抬，再往上做一波行情。

(4) 庄家开高之后，散户追涨意识不强，盘中表现价涨量缩。庄家此时硬拉很费劲，恐怕资金方面有困难。因此，若不看好后市，可能反手做空，或联络上市公司和传媒放出利好消息，或等待大市升温时搭顺风车，总之，要等待合适时机。

(5) 庄家通过盘中价量关系分析测知散户不杀跌而追涨的心理，盘中价涨量增，价跌量缩，且全日维持在前一日收盘价之上，明显属强势盘。鉴于此，庄家在后市中往往发起强力攻击，以急拉作尾盘轧死短空，以刺激明日买气。

(6) 庄家根据盘中价量关系变化，了解到散户急于出脱持股的心理，追高意愿弱，盘面表现为价涨量缩、价跌量增的背离走势，且价位始终在昨日收盘价以下波动，盘势极弱无疑。若是已有相当涨升，而后市不看好,庄家或是制造利好掩护出货,或是先跑为快。若筹码未吸够,后市看好,庄家会打压进货。若后市看好,庄家已吸够筹码,庄家也只能采取守势,等待时机。

二、庄家为何洗盘

所谓洗盘,就是庄家运用种种手段,摧垮散户持股的信心,迫使他们抛出筹码,以降低庄家进行股价拉抬时的成本和压力的操作方式。

庄家洗盘主要是出于以下几个目的:

(1) 摆脱跟风的短线客。庄家只容忍他们赚小利,因此必须通过洗盘,把短线客的筹码"洗"出来。

(2) 清洗底部的获利盘。若庄家一味拉高,必然会遭到沉重的获利盘抛压,增加了庄家拉高派发的难度。必须经过洗盘,将这些底部筹码"洗"出来。

(3) 做"高抛低吸",赚取可观的差价。庄家通过洗盘过程中的高抛低吸,可进一步降低持股成本。既拉开获利空间,又可使市场弄不清庄家的持股成本,辨不清庄家今后的出货位置。

(4) 把新人引进来。这样可提高市场的平均持股成本,以增强新人筹码的锁定性,减轻股价继续上行的压力。洗盘也就是促使股票换手。

(5) 股价再度上升,让短线客踏空。庄家洗盘,还可以让跟庄者今后务必不要再做差价,不能轻易抛售该股。这就为庄家日后大幅炒高股价,做好"逃跑"奠定了基础。

(6) 把原本想"高抛低吸"的跟庄者弄得晕头转向,当了庄家的义务"推车手"。

总之,庄家洗盘,是折磨大户、驱赶散户的手段。如果能认清这一点,勇于抵挡小利的诱惑,敢于做别人做不到或不敢做的事,忍受暂时被套的煎熬,不理睬庄家的洗盘,那么,胜利将是属于你的。

三、庄家的洗盘方式

不同的庄家，采用的洗盘手法也是不完全相同的。常见的洗盘方式有如下几种。

1. 震荡式洗盘

这是一种最常见的洗盘方式。就大盘而言，即维系一个震荡区间。庄家用这种方式洗盘，效果相当成功。不仅把获利盘大部分洗出，而且令套牢盘也纷纷割肉。就个股而言。当庄家拉到其目标的中位，必须进行震荡洗盘。但市场多数人看到巨量收阴，往往误将中位当顶部，纷纷将筹码沽出。即使持股惜售者，当看到日走势图大起大落，也纷纷将筹码沽出。即使意志坚定者，当看到日走势图大起大落，K线图呈"头部"态势，也忍不住想做高抛低吸。但往往在最后一次的"高抛"后，就再也没有"低吸"的机会了。

2. 拔档式洗盘

这种方式主要反映在上市不久的新股和次新股中。由于这类股票的本身质地较好，题材较多，除了庄家收集到相当数量的筹码以外，市场上抢盘者也不少。为了日后成功地炒高，庄家往往会出人意料地选择往下拔档，连开阴线，使获利盘及早出场，并造成"炒高失败，庄家被套"的假象，使买进者纷纷割肉。此时，套牢者不敢轻易补仓，抢反弹者因屡抢屡套，也被迫平仓。

例如，于1999年4月22日上市的津滨发展（000897），上市刚两天换手率便达到80%，均价是7.80元左右，随后，主力便进行拔档，连续几天在8元一带洗盘。当主力确认一级市场的获利盘均已出尽后，遂发动突然袭击，几天的时间，股价就大涨到14.50元以上。

3. 平台式洗盘

平台式洗盘，又称为横向整理式，这种洗盘方式较为温和，杀伤力不大，但由于洗盘时间过长，大多数耐心不够的投资者最易被清洗出局，能够忍受这种庄家洗盘的投资者往往多是市场中的佼佼者。

4. 向下破位式洗盘

向下破位式，也就是人们常说的"空头陷阱"。通常，庄家对绩优股和有题材的个股，都采取这种洗盘方式。因为用常规的洗盘方法，很难将获利筹码洗出来。庄家便在凶猛打压后，趁反弹形成新的市场获利盘后，再度打压，制造反弹夭折、一波比一波低的走势，使持股者感到痛苦和恐惧，使意志不坚者害怕纸上富贵化为乌有而沽出，使想做差价者懊悔。这样，在下一波反弹后，就会引发更多的人因无法忍受巨大的压力而抛出股票，加强了打压的阵营。

这种洗盘方式有以下几个要求。

(1) 从长计议，不计较手中高位筹码暂时的账面损失。

(2) 利用反弹补回筹码，便有了再次打压的"弹药"。

(3) 为了降低打压成本，尽可能采取对倒打压的手法。

(4) 打得越急越深越好，方可造成市场更多的恐惧感。

(5) 在每次反弹到位后，坚决反手打压。即使打到了庄家的成本价，也要忍痛割爱，不计成本地继续打压。

5. 大幅跳水式洗盘

大盘调整时要用这种方式洗盘，可以增强打压的效果。这种方式洗盘打得越急越深，越能给投资者造成恐惧感。

庄家使用这种手法较为凶悍，主要反映在一些投机个股中，比如三线股、ST板块、资产重组个股，这种洗盘手法上下落差极大，令场外投资者都惊心动魄，因此庄家使用跳水式洗盘足以把投资者杀得体无完肤。

6. 边拉边洗

边拉边洗，又称盘中洗盘式。采用这种方式洗盘，主力坐庄成功的概率极高，跟庄者往往会中途自动下马。

这种洗盘手法的好处，一是缩短做行情的周期。二是使套住的人一两天便获解放，抛出的人再去追高。三是保持市场人气不散，盯住热门股转。四是使市场持股成本越来越高，为主力日后出货提供了方便。

四、庄家在涨升中洗盘的盘面特征

与底部庄家吸筹后拉抬前打压洗盘不同，涨升中的洗盘大多具有以下特征：

（1）洗盘整理是在股价于10日移动平均线上并远离10日移动平均线时开始的。

（2）洗盘时，成交量总体上应有一个量缩到缓慢放大的过程，起初洗出胆小和不耐烦者多，故成交量大；到中间，浮码洗净，成交量因惜售萎缩；到后期，庄家补仓和拉抬，价格上移，成交量放大。

（3）洗盘完毕，向上突破时，一般都伴随巨大的成交量。

（4）10日线、30日线和60日线维持多头排列，即使股价跌穿10日线，也在其附近徘徊，不会太深，一般不破30日线，即便破了，也很快会升回来，这是避免将来拉抬时遇到强大解套压力。

比较典型的洗盘整理图形有横线、矩形、三角形、旗形等。投资者在参与投机性比较强的股市时，必须学会一套对付庄家洗盘的本领。否则，总会出现低位"缴枪"，高位套牢的现象。

以上就庄家常用的洗盘方式作了一些归纳，真正实盘作战中，并非这么简单，主力往往会采用多种手法综合运用，并会结合大势、题材、操盘手擅长的手法以及市场中最有效的思路，选择某种最重要的方法，并辅助其他手法，还要加上必要的操盘技术，如盘中对敲、拉升、打压、利用涨跌停板等，只有了解这些，才能识别庄家洗盘的种种变招。

从公开信息中寻找庄家

庄家虽然是狡猾的，但我们还是能从公开信息中看到庄家的身影，因为这才是真正的跟庄之道。

一、分析十大股东及其变化

毫无疑问，庄家是超级强的。一般而言，上市公司每到中期或年终时，都要公布其最新的十大股东。分析十大股东，是我们分析基本面因素的着重点，对业绩可看淡一些。比如，在某上市公司的十大股东中，我们可以看到其第四大股东为某信托总公司。而在1999年终的十大股东中，我们就再也没有看到该信托的身影，看来主力已成功出逃了。因此我们可以得出结论：该信托是超级强庄。然后我们去翻阅其他个股的十大股东，就可重点关注看哪一个率先启动就可跟进去。

基本面中，主要是对比近期十大股东的变化。若十大股东中有大机构是新的股东，则证明庄家一不小心露出马脚，我们就可大致确认该股的庄家就是这个机构。因为主力的介入就是为了赚钱。而大机构中以南方证券、湘财证券、申银万国证券手法最为凶悍。然后再看近两三年的业绩，若呈微利状态或呈一年不如一年的趋势，可判定该股有重组的想象空间，而我国股市向来是重题材轻业绩的。特别是朦胧的重组，更是令人想入非非。最后再分析流通盘和地域，边远地区的股票易成为黑马。

跟庄就得跟大庄，这是超级长线大主力，要跟高水平的庄。而这些信息都在个股的基本面中可以找到。但就是因为太明显了，反而很少有投资者留意，而情愿去打听那些小道消息，简直是反其道而行之。很少有投资者能静下心来分析总结，总想一夕暴富，过于浮躁。现在我们要做的就是去分析十大股东，把其中有大机构等介入的个股记下来。当主力发力拉升时，大胆跟进，与庄共舞，这才是真正的赚钱之道。

二、分析深沪公告信息

本着公平、公正、公开的原则，深沪交易所对涨跌幅在 7% 的个股，要公告其成交营业部及金额，从这里我们可看到庄家的行踪。庄家坐庄，必须通过证券公司买卖，若是券商坐庄，则一般会在其自身的各营业部操盘，一来跑道畅通，二来可省手续费，三来分析成交回报显示。

电脑会将本营业部每只股票的成交显示出来，这里也大有玄机。你可以把每天的成交量翻一遍，记下那些大额成交个股，当然是记买进的个股，以 30 万股为单位。把这些个股记录下来，然后再结合自己的分析，来决定是否跟进。能买 30 万股以上的肯定是大户，而他们的消息肯定比一般人灵通，因为其一般会出钱买消息，因此可靠度较高。当然，亦有失败的时候。因为有时候主力发觉有人抢险货，且其实力稍差就会把股价打下来，而强庄若发觉有人抢货，会更发力往上拉。投资者从成交量中，盯住了大户，就等于盯住了庄家。

庄家进场的征兆

真正成功的关键在于跟大庄，即跟主力。因此，人们常说："炒股成功的关键在于跟庄"。大主力入市，好比大鳄翻江倒海，其大资金进场，上百点涨幅仅够转身，起码要有20%～30%的上升空间，并有短则20天，长则两个月的时间，才能游刃有余，做几个波段，完成一次中级行情。而小主力和一般庄家进场，只是小打小闹而已，难以掀起大浪。因此，一旦捕捉到大主力进场，以及进场后的行踪，就等于抓住了行情的大部。那么，如何判断是大主力进场呢？

一、大盘连续暴跌，指数远离顶部

比如，1995年2月的524点，离1994年9月1052点顶部已下跌50.2%；1996年1月的512点，离1995年5月的927点顶部44.8%；1997年2月的850点，离1996年12月的1258点顶部33.5%；1997年9月的1025点，离1997年5月的1510点顶部33.2%；1998年8月的1043点，离1998年6月的1422点顶部26.3%。

又如2000年3月上证指数1596点，深综指数491点，都是市场主力入市的最好时机。此时，市场到处是套牢盘，并且是深套盘。唯此，大主力进场，才有足够的上行空间。

二、预期中有重大利好

大主力从进场这天起，就要周密地设计好功成身退的台阶。而重大利好，是大主力撤退的最好掩护。

比如，1994年7月325点时，大主力进场的动力是"三大救市政策"。使之在一个多月内，完成了指数翻三番的目标，成功退场。1996年1月512点时，大主力进场是借助于全国人民对"97香港回归，股市必涨"的预期。果然大盘在5月份就登上了1510点巅峰，主力得以胜利出逃。

又如：1998年3月1176点时，大主力进场是借助于九届人大制定的产业倾斜政策和政府对国企改革、资产重组的重视，终于在两个多月中就把指数从1176点拉高至1422点。而1998年8月1043点时，大主力进场更是借助于政府对人民币不贬值和8%的经济增长目标的坚定承诺，以及人们对十五届五中全会召开、新一轮农村经济的启动预期。

三、指标钝化，成交萎缩

在连创新低时，大主力最容易拣到恐慌割肉盘。在见底后快速拉高（实际仍是底部）时，大主力最容易引发短线做差价者的微利盘和割肉盘。KD、RSI步入超卖区，并且长时间在20以下钝化，指数连创新低，成交量极度萎缩。这是大主力进场的先决条件。

但是，大盘步入超卖区，不等于大主力立即显形。若是长时间在低位钝化，则是大主力的刻意打压建仓的行为，说不定哪一天，它说动就动。

比如，1998年8月18日1043点拉升，再回至8月31日的1072点，大主力已建仓整整两周。当天下午1:30，大主力便从1072点一口气放量拉到1150点。两周之后，再拉到1264点。由此以后，人们就再也不见大盘回至1150点，连1190点也被大主力"严防死守"了四个月。

四、大盘指数股此起彼伏

庄家一入市，股市波动明显加速，并呈现以下特点。

(1) 每天都有几只大盘指数股被轮番地拉抬。

(2) 临收盘时，明显有人拉抬尾市或打压尾市。

(3) 盘中走势不时地出现 W 底和 M 头，技术骗线明显增加。上升过快时，明明冲破阻力位，却有人炸盘；而回档过深，明明跌破重要的技术位，却被人强行拉起。

(4) K 线图明显沿着上升通道，呈起伏式的盘旋而上。在上升至阻力位前，有大资金冲击，然后退缩蓄势；在回调至颈线位时，又有大资金护守，使股价调头向上。这些现象均是庄家所为。

(5) 在舆论一片看好时，大盘却收阴；在舆论一片看淡时，大盘却收阳。

庄家出货的征兆

人们时常感叹买卖股票时机不好掌握。比如，卖得早了，会漏掉一段行情；但要是卖得晚了，又有被套的危险。究其原因，除了受市场突发性的利空消息影响和顶部区域的贪婪心理支配以外，主要是被庄家的出货骗线所迷惑。

因此，在大盘或个股处波段的顶部区域，或震荡箱形的上方区域，或每年特定的时段，必须时刻提防庄家是否在出货。其实，庄家在出货时都会有一些征兆。那么，研判这些征兆时就要注意以下几点。

一、利好消息大量涌现

利好消息大量涌现时，从正规的媒体中，如各证券报刊中出现的各种投资价值分析报告可以得到，这些报告无非是想证明该股价格与价值背离，股价严重低估，等等。这些报告的出现大多在股价翻番的时候。在刚开始上涨时，不一定会有这些好消息出现。因此，必须记住一句股市格言："利好出尽是利空"。这是证明庄家萌生退意，想派发离场的一则消息。

如果该股真的如此超值，庄家自己就应大量进货，没有理由在报刊上大肆宣扬，而且还要倒贴广告费告知大家。这个无非是迟早要诱使你付出十倍代价的信号。其实，只要用心分析，就会领会其中的奥妙。人们亦可利用这些消息作反向分析，就是等于告诉股民自己，持有该股的庄家要派发了。

二、传闻增多，荐股如潮

现在资讯发达，大家均可从网上看到大量的传闻，传闻增多及推荐股票的股评增多，这些传闻大多是庄家发布出去的。他们这样做就为了达到如下目的。

(1) 网上发布传闻，可以不负责任也无人追究。

(2) 庄家亦把这些内幕消息告诉他们的朋友等，让他们去散布这个消息，总有人相信这是真的。同时推荐个股的股评会增多，因为个股形态走势相当强势，庄家和股评家有默契。有时候，也可以看见一只股票图形已完全走坏了，但还是有人大力推荐，鼓动投资者追捧。通过这两种手段，使跟风的投资者增多，主力稍一发力，跟风盘就蜂拥而来，庄家派发就极为轻松了。

(3)涨幅较大，目标达到。有一个加倍取整的理论，简单地说，我们准备买进一只股票，最好的方法就是加倍和取整的办法合起来用。当然，还可以用其他各种技术分析方法预测。当你用几种不同的方法预测的都是某一个价位时，那么在这个价位上就要准备出货。当预测的目标位接近时，就是主力可能出货的时候了。

一般而言，主力从建仓到出货的价格空间而言，要有1倍左右的涨幅，这样主力才能有50%左右的收益，这种收益要在较为平静的大势中才能取得。若大势不好，主力的收益就要减少，若大势较好，主力就会更上一层楼，把价格拉得更高，获取更丰厚的收益。

由于证券市场的逐利性，因此股民必须学会利用黄金分割律的演化进行分析，因为主力进庄绝不可能以亏损而告终。一般而言，主力保本涨幅为0.618倍，这种升幅只够主力资金保本出局，这种情况除非是有重大利空出现。后面的几个关键升幅倍数是：0.809、1.191、1.382、1.618、1.809、2等，依此类推，庄家进庄都会有一个详细的计划和要达到的目标升幅与收益预测。这种绝密资料我们不能得到，但股民们可看股价在关键点位上的表现情况。若情况良好，则继续持有，若情况恶化，则坚决离场。再有，就是主力在大举出货前，一般都有一个快速拉高的阶段，若要其死亡，必使其疯狂，股价都是在疯狂中见顶的。所以股民们要特别关注处于这种阶段的股票。

三、黑马狂奔，市场狂热

不妨回顾一下每一次行情结束前的股评，无不在津津乐道地大荐黑马，称某股还能涨到××元。其实，此时的黑马乱蹦，正是多头市场末期的个股轮涨、补涨，是大主力离场前制造的多头陷阱。

这是掩护主力出场的一局。为了掩护大部队撤退，主力往往会拿出一部分资金，抓住一些盘子小、有朦胧利好题材的个股，大炒特炒，制造黑马狂奔、天天涨停板个股不断的狂热气氛，使退场的投资者又返身进场，捕捉股价早已高企的黑马。这样，就帮助大主力稳住大盘，使大主力得以获得更多的顺利出逃的时间。

四、量价异常，该涨不涨

在价格相对较高的位置出现放量不涨或涨得很少，都可确定为主力在出货。因为价量关系的不正常证明了主力不可告人的目的。还有就是在周五走势良好的股票，在周一走势疲软，也可证明主力利用周末推荐效应出货。

在走势形态、技术面和基本面都配合良好时，综合判断某只股票应上涨时，该股却不涨，这就是主力出货的征兆。这种情况在股市上是很多见的。主力利用人们对该股突破的预期大肆派发，有时甚至向上假突破，骗取大家跟进。然后再回抽，先套住跟风盘，接着再往下派发，让跟风盘低位补仓，甚至让第一次不敢跟进的人"低位"吸纳，从而形成一种温和放量的趋势，目的是让主力轻松出逃，这就是庄家的操作方法。

另外，公布了预期的利好消息，基本面要求上涨，但股价不涨，也是出货的前兆，这样的实际案例有很多。

五、利多兑现，利空潜行

股市欲达到狂热程度，往往是与重大的（包括预期的）利多结伴而行的。后知后觉的大众如梦初醒，奋起追涨，此时，正是大主力见好就收的极佳时机。

被套的原因

投身股市，被套几乎是难以避免的。因为被套的原因是多种多样的，尤其是偶发事件让人防不胜防，尽管对大势的研判和实际操作并没有出现大的失误，但一次政策性的重大利空，就足以使持股者全线套牢。即使是在股市摸爬滚打数年的股民，也很难做到每一次操作都功成身退。因此要有效地防止被套，必须分析种种被套的原因。

一、高位盲目追涨

高位盲目追涨招致套牢，大致有以下几种情况。

1. 股市新手，见涨就追

有些刚步入股市的投资者，由于缺乏实际操作经验，买入股票时凭一腔热情，看哪只股票涨势凶猛，便买入哪只股票，他们未曾遭受过套牢之苦，也没有对股市当时所处波段及个股所处价位细心研判，结果在高价位抢进热门股票，随即大势发生反转或个股股价掉头向下，导致高位被套。

2. 期望过高，贪婪被套

有些股民见涨就追，结果进后股价已居高位，但他们仍然抱有极高的期望值，认为大盘或个股一定能涨至多少点、多少元，因此往往由于贪念所系，未能审时度势获利了结，终究被套。

3. 盲目从众，跟风被套

当大盘指数连连上涨，股评舆论一片看多。某只股票已涨了好几波，各家报刊均鼓吹这是一只大黑马，因此，众人一致追涨，这只股票自然又放量飙升。但是次日股价突然大跌，已经没有逃命的机会了，因此，股民盲目跟风被套是常有的事情。

二、庄家的骗线招数

股市如战场，谁的智谋高明，谁就能识破对方的骗局，股市既是心理的抗衡，也是智慧的较量。散户在操作中的失误以致被套，其实就是被庄家所骗的结果。因此，弄清庄家的骗线手法，把握先机，争取主动，对于提高股市操作的胜率，尤其重要。

1. 利用技术分析骗线

技术分析受到广大投资者的青睐。而当技术分析成为大众预测股票市场的工具时，庄家不得不采取利用技术分析制造骗线机会或反技术分析的手法制造骗线机会。

（1）制造技术形态。由于市场分析人士以及关注盘面的投资者都非常重视W底形态、黄金交叉和M头形态、死亡交叉等，把它们作为买进和卖出的依据，因此，在波段高位，主力往往制造W形态和黄金交叉，形成蓄势上攻的假象，导致市场人气高涨，买盘汹涌，然后乘机出逃。

（2）利用重要的技术关口。比如，在上升行情中，指数面临颈线位、整数位或上一波的顶部等重要技术关口，当市场人士和投资大众普遍认为难以冲破时，主力往往利用资金的优势，坚决突破。迫使过早下马者杀回马枪，诱使场外的观望资金追涨，以便扩大胜利成果。

（3）利用波浪理论骗线。每当大的波段顶部和底部，管理层都会及时进行政策调控，阻止意外情况发生以外。主力的"反波浪"操作极为关键，往往这也是绝大多数人在顶部和底部受骗上当的"致命伤"之所在。

(4) 利用技术指标骗线。当人们习惯于用 KD、RSI、MACD 等指标来决定买进或卖出时，主力便频频制造指标的钝化来设置骗线。一是利用周 K 线和日 K 线的错位，即周 K 线在顶部，而日 K 线在底部钝化，以掩护出货，或周 K 线在底部，日 K 线在顶部钝化，以掩护建仓。二是利用市场对利好（如 1997 香港回归）的预期和对利空（如亚洲金融危机、日币贬值、俄罗斯金融危机、香港股市和 B 股连创新低、特大洪灾）的预期，制造技术指标在顶部或底部的钝化。

2. 利用行情走势骗线

庄家通过制造"单边市"，使散户投资者形成看多（看空）的坚定信念和思维定式。而在行情展开后，庄家突然翻空（翻多），这就是庄家在利用行情走势骗线。

(1) 缓上急落，轧空诱多。自从实行 10% 的涨跌停板制度以后，主力可以在有限的涨跌幅度中，通过每天盘中的震荡，洗去获利盘，并引发浅割肉盘；既化解下跌的风险，又减轻上涨的阻力，并以指数股来引诱追涨盘、跟风盘和外围资金的介入。于是，多头单边市应运而生。第一次多头单边市，主力都要通过"缓上"的走势，连连轧空，迫使做空出现后再翻多入市，像助动器一样，轮番把指数节节推高，拉大主力的获利空间。随后，主力突然翻空，制造连续"急落"的大黑棒，压低获利出逃，令人猝不及防。这种走势，不仅将人们先前的赢利一举消灭，而且还把绝大多数人在高位死死套牢。

(2) 单边下挫，轧多诱空。许多投资者天真地认为，指数和股价已被打到主力的建仓成本之下了，市场获利盘早已没有了，再跌，岂不套牢了主力自己？于是，就奋不顾身地做多，抢反弹。结果一次又一次地被套牢，直至"弹尽粮绝"，动弹不得。

在空头市场、弱势市场中，"往下做"是主力的一种非常有杀伤力的骗术，对于中小投资者来说，无疑是灾难，但对于主力来说，则可调集资金补进更多的低价筹码,利用 1/3 或 1/2 的反弹,就可解套获利。对广大中小投资者而言,当前主要的受骗危险不是主力"往上做"的多头单边市,而是主力"往下做"的空头单边市。

3. 利用指数股设置陷阱

当大盘处于波段顶部区域时,主力往往拉动指数股,使大盘在顶部钝化,或制造假突破,设置多头陷阱,并做出 M 头、三尊头,以便争取更大的出货空间和出货时间。利用指数股设置多头或空头陷阱,是庄家的惯用手法。

当主力出完货,就往往狂炸指数股,造成大盘的快速下跌,以便主力再次捕捉抄底或拔档回补的机会。当大盘处于波段底部区域,成交量萎缩,主力就往往打压指数股,制造假破底,设置空头陷阱,以便拣到更多的恐慌割肉盘。久而久之,主力拉高指数是为了出货,打压指数是为了进货,便成了广大投资者观察大盘走势和主力意图的风向标。

但是,任何一种思维,一旦成为定式和众人皆知的东西,都可能失灵。主力必然会频出新招。要利用市场的思维定式,进行反向操作。制造骗线的机会。

4. 利用成交量骗线

人们一直认为,股市里什么都可以骗人,唯有成交量是真实可信的。正因为此,庄家才处心积虑地在成交量上制造一系列假象,诱使跟风者追涨杀跌,上当受骗。

庄家利用成交量骗线,主要表现在以下几个方面。

(1) 无量下跌,成交量极度萎缩,投资者大多认为股价已接近底部区域,假以时日,必将反转。而恰在此时,庄家却继续进行打压,创出新低,使人们的信心发生动摇。事实上,这种破拉下行的假破底,终究是要发生反转的。而此时恐慌割肉,正好入了庄家制造的"无量下跌"的骗局。

(2) 无量上涨。股市历史上每一次走出底部时,总是出现无量上涨的情况来引发抛盘,以便建到更多的低价仓。可以说,走出底部后的无量小阳上涨,也是主力制造的一种骗线。等大家清醒过来,主力的筹码早已收集好了,指数也已远离了底部。

(3) 中位量价背离。股价经拉升一段时间后,往往会出现股价继续缓慢上行,而成交量也逐渐递减的量价背离现象。投资者如果据此认为多头上涨乏力,跟风不足,股价将随时发生反转,便会陷入庄家骗线的圈套。因为这种量价背离现象实际上是庄家在完全控盘后,进行震荡洗盘的伎俩,其目的是要进一步减轻上涨的压力,以便继续拉升。投资者如果此时抛出筹码,将错失良机。当股价在中位出现量价背离时,应大胆持股,静观其涨,择价而沽。

(4) 顶部放量收阳。人们都知道,顶部放巨量收阴,表明主力在出货。但是,对顶部放巨量收阳,却失去警惕,反而还认为有量是好事,表明主力在进场,还要做大行情。其实,这种想法正中主力的圈套。

历史证明,每一次放巨量,都是人气最足的时候,也是主力出逃的极好机会。如果只想到"巨量时有主力进场",而不想一下"若不是主力出货,何来这么大的量?"就势必会上当受骗。因此,对于巨量,投资者务必保持头脑清醒。若是巨量收小阳,表明是量增价滞,必是主力出货无疑,应坚决派发;若是巨量收中阳,说明还有走高的机会,可出一半,留一半;若暴量收阳,则可以次日前半小时关注成交量是否超过前一天的成交量的1/8。一旦量跟不上,就应坚决清仓。

5. 利用消息、题材骗线

消息、概念、题材,人们预期中的利好或利空,都是庄家制造行情,诱骗股民追涨或杀跌的重要工具。

纵观近些年来几次"缓上急落"的单边上升市,主力是充分利用了众人对香港回归、十五大召开、年终业绩浪、资产重组等利好预期,把行情做足,乘机引退。

每年两次财务报表公布前,都有一批股票成为黑马,走势强劲,步步窜高。而当消息满街流传时,股价虽已涨到极点,但此时追涨者特别多。一旦消息公布，高位跟进者就难有逃路。这往往是与主力、庄家以及大券商的调研部、研究部事先获悉利好消息，提前做上升行情有关。而开始时对利好蒙在鼓里，中途对利好将信将疑，最终对利好深信不疑的中小散户，往往成为接最后一棒的套牢族，成为主力出逃的垫脚石和牺牲品。主力也往往利用利空消息打压进货。比如1998年的1422点至1043点，就是主力利用周边市场的金融危机、国内特大洪灾等综合利空，刻意对倒打压、往上做的杰作。在个股方面，有一些主力也经常与上市公司密谋策划，采用中期公布出乎人们意料的坏报表，引发人们割肉，主力却乘机建仓。然后，主力一路狂拉，创出新高，使股价翻番。仅隔了几个月，年终报表便来个大幅增长，辅之以大比例送股，主力借机全胜而逃，牟取暴利。

主力还利用概念和题材的美丽光环，制造骗线。在当今股市中，概念和题才的魅力远胜于绩优的送股。于是，主力在制造概念和题材方面，更是煞费心机。比如，沪市的"三无概念股"，每年都会兴起几次大浪，成了主力的聚宝盆。又如，1996—1997年，深市主力把房地产股冠以97回归概念，虚构了回归后香港人会到深圳抢购房地产的题材，在房地产股上狠狠地炒了一把。

庄家之所以能够利用消息、题材成功骗线，一是靠消息灵通，选准时机；二是凭借手中资金和筹码的优势；三是仗着特殊的身份，容易得到上市公司的配合；四是拥有利用报刊、沙龙、传真、广播、电视等多种媒体舆论的手段；五是充分利用了中小散户的贪婪、恐惧、从众等人性弱点，吸引人们追涨杀跌。

因此，人们对媒体上众口一词、占主导地位的舆论，必须多一点反向思维；对家喻户晓的消息、概念和题材，必须进行反向操作；对主力的言行，必须善于区分真假。更重要的是，应从行情走势、量价关系、波段和箱形位置方面，多多关注主力资金运动的方向，从而避免陷入庄家设置的圈套。

三、因突发事件被套

突发性利空因素也是造成被套的原因之一。就我国股市的实际情况而言，造成股市大幅震荡的事件主要表现在以下几个方面。

1. 金融政策

国家对宏观经济的管理主要是通过对财税政策和货币政策的调控来实现的。我国政府于1993年5月开始实施紧缩银根的政策，先后两次调高存贷款利率，这对股市造成了直接影响，上证指数从1993年5月初的1365点持续下跌了15个月，截至1994年7月跌至325点，跌幅达76%，漫漫熊市使无数股民被套，损失惨重。

2. 国家对股市的政策

我国股市历来有"政策市"之称，就在于政策对股市的影响巨大。1996年5月以后的半年时间里，央行多次下调存贷款利率，直接刺激了股市的上涨，大盘指数连连上升，人气沸腾，异常火暴，以至一大批垃圾股升天，市场投机气氛十分浓厚。为使股市降温，人民日报于1996年12月6日发表特约评论员文章《正确认识当前股票市场》，告诫股民认识股市风险。与此同时，沪深两市交易所于12月6日同时推出涨跌幅限制制度，结果使大盘连续三天出现跌停，跌幅超过30%，使相当一部分股民被套，足见政策对于股市的威力。

3. 查处违规事件

庄家、机构违规受查处，也是股民被套的重要原因。比如2001年初中国证监会查处中科创业，创下了连续10个跌停纪录，使该股价格剩下不到1/3，未及时斩仓的股民惨遭套牢。此后查处亿安科技的情况也是如此。

4. 偶发事件的影响

除了人为因素以外，大自然的灾害也是影响股市的一个原因。比如1998年发生在我国长江流域的特大洪水，就导致8月6日～18日的9个交易日股价连连下挫，上证指数急挫264点，跌幅达20%，相关联的股票跌幅更深，使股民被套。

四、上市公司发生质变

上市公司因经营状况恶化，发生质变，导致股价大跌，也是股民被套的原因之一。这种情况，一般发生在中报和年报公布之际较多。

由于上市公司发生质变而招致被套的股民，往往抱着投机的心态炒股，进行短线操作，平时不大关心上市公司的情况，对公司的基本面所知甚少，一旦预亏公告发布，股价跳水，即措手不及，因而被套住。

防套的技巧

在股市实战中，人们已总结出一套行之有效的防套技巧。这就是庄家有设套的谋略，散户有解套的对策。

一、防套的操作要领

在股市实战中，要完全免于被套是不可能的，但切实掌握了一套操作技巧，则可以减少被套的概率。具体而言，防套要求掌握以下要领。

1. 不清楚不做

初入股市的人，不要幻想能靠碰运气、押宝而不劳而获。要想获得成功，投资股票和投资其他行业一样有一个共性，就是必须清楚熟练地掌握它。初涉股海的新股民，要把每次交易的量限制在100股，等自己对股市有了一定了解后，再逐渐加大投资量。

2. 把握买入时机

在大盘相对低位时，即一波下跌行情后，成交量一缩再缩，股价不再下跌，成交量再度放大；或股价一路阴跌，突然加速下跌、止跌以后再行买入。

3. 只做单程

主力操盘有两种准备，一种是要有筹码，另一种是要有资金。这样操作起来就会游刃有余。而中小投资者由于资金有限，只有一种准备，将钞票变成股票后就只有等待了。因此，只适合做上升行情这一段单程。

4. 把握好卖出时机

如果大盘上行遇到前期成交密集区，一鼓作气闯关成功，越过阻力位站稳，结合自己手上所持投票的具体情况，若无高位放量迹象，仍可持股。若大盘在此后三四个交易日屡攻不下，最好不参与调整，出货离开。

5. 低位横盘时个股轮炒

当股价经过一段大跌之后，在相对低位横盘，一个个价格被严重低估的股票在此时寻机进行价值回归。投资者可选择一些股质优良的股票低位进，获利出，轮流炒作，但不宜重仓，不宜恋战，遇阻力位便走。

6. 选好个股

应选涨升概率最大的股票。每一波上涨行情中，开盘中市盈率低的小盘新股和超跌的小盘次新股涨升幅度最大。中报、年报公布后可以选择以下两类股票。

（1）原来就在低位长期横盘，因业绩不好（但公司本身并无大问题），再度深跌，并已止跌的小盘低价股。

（2）因不送配或送配少而深跌，然后止跌的小盘绩优股。

7. 避开空头陷阱

在股市实际运作过程中，"空头陷阱"较少出现。辨别"空头陷阱"，主要看股价在跌到一个新的低点时成交量的大小，如果成交量小而且冲不破阻力线，则可基本认定是一个空头市场。如果处于新的低价位上，成交量反倒增加并且冲破阻力线上升，则应认为是"空头陷阱"了。

一般来说，"空头陷阱"的股价，几天内有一个中级波动（上升10%～25%），而有时是一个主要波动（上升25%～35%），在最低点抛货或犹豫不决没有进货的投资者，就成了"空头陷阱"的受害者。"空头陷阱"往往出现在股价从密集区以高成交量跌落至一个新的低点区域，然后迅速回升至原先的密集成交区，并且突破了原来的阻力线。

8. 避开"多头陷阱"

"多头陷阱"多发生在股票新高价成交区内，股价突破原区域达到新的高峰，然后又迅速地跌破以前区域的低点（支撑线），这就是"多头陷阱"。

辨别"多头陷阱"，主要是看成交量是否突破支撑线。"多头陷阱"一般来说恰好是成交量不大而且向下回档又跌破了支撑线。"多头陷阱"捕捉到了那些在股价最后上涨时买进的人，或者是在突破后买进的人，致使这些投资人遭受套牢。

9. 上升行情不换股

选择好股票之后坚定持股，只要你选的股票市场属性和企业属性较好，在一波行情中，它自然会给你一定的回报，不要频频换股，否则只能赚了指数不赚钱。

10. 一定要设止损点

新股民只有学会了亏钱，才能赚钱。若手上的个股阴跌 10%，请一定斩仓出局，跌过后再进。这样，手中永远也不会有深套 30%～50%的股票了。在下跌空间小的股票中再精选出上升空间大的股票介入，这样就在一定程度上规避了风险。

二、防止被套的六大策略

（1）把握买卖的时机，及时逃顶。一般来说，升幅越大，其下调的幅度也就越大。选择大市、个股调整比较充分的时机入市，避免大市和个股见顶大幅下调的风险。当大市和个股上升到顶部时，及时抛出股票，就可以避免大市和个股见顶大幅回调的风险；而当大市和个股调整比较充分之后入市，风险就相对较小。

（2）选择绩优、具成长性的个股买进，避免业绩差又无发展潜力而遭市场冷落的风险。如果买了那些业绩差、无发展潜力又处于高位的个股，就有可能长期被套而难以翻身。买入绩优、有发展潜力又调整得比较充分的个股，经过一段时间，就可以获取较丰厚的回报，就算一旦被套，也最终会有解套获利之日。

（3）选择庄家拉升股价的初段买进，回避因庄家派发撤庄而使股价大幅回落的风险。一般来说，庄家要达到顺利派发的目的，起码要把股价拉升到 50%以上。机构、大户坐庄某只股票，都要经过一个收集筹码—拉升—派发的过程。当发现某只个股有庄家进驻，股价升至 30%以上才跟进，风险就大了。

（4）当重大利空出现时应及时离市，以避免大市和个股股价大幅下跌的风险。当重大利空出现之后，股价跌幅在 20%以内仍应离市。因为重大利空的杀伤力是很大的，它可使大市至少回调 30%，多者可达 60%以上。及时离市，可以避免更大的损失。重大利空有时会有预兆，有时是突发性的。当有预兆出现时立即离市。

（5）及时抛弃弱势股，避免一跌再跌的风险。每只股票的基本情况都在不断发生变化，不少三线低价股中因某种特别原因一跃进入绩优股的行列，而强势股也有可能变弱，这更将考验投资者的眼光。当发现自己误买劣势股，应及时抛掉，以避免更大的损失。

（6）做中长线投资，避免追涨杀跌的风险。做中长线投资符合经济和股市发展规律。因为我国经济经过几年的宏观调控，调控的目标已基本达到，新的一轮经济发展周期已经开始。实践也充分证明，做中长线投资的收益要比短线投机大得多。

解套的策略

解套策略，又称反套牢投资策略，是股票投资者在高价套牢后所寻求的解脱方法。

所谓"套牢"指的是投资者原本预期股价上涨，但买进股票后，股价却一路下跌，使买进股票的成本，已高出目前可以售得的市价的状况。任何涉足股市的投资者，不论其股战经验多么丰富，都存在着在股市中被套牢的可能性。投资者一旦被高价套牢，则应根据套牢状况，积极寻求解套策略。通常的解套策略主要有以下五种。

1. 以快刀斩乱麻的方式停损了结

这种策略即将所持股票全盘卖出，以免股价继续下跌而遭受更大损失。采取这种解套策略主要适合于以投机为目的的短期投资者，或者是持有劣质股票的投资者。因为处于跌势的空头市场中，持有品质较差的股票的时间越长，给投资者带来的损失也将越大。

2. 汰弱择强，换股操作

这种策略即忍痛将手中弱势股抛出，并换进市场中刚刚发动的强势股，以期通过涨升的强势股的获利，来弥补其割肉所受的损失。这种解套策略适合在发现所持股票已为明显弱势股，短期内难有翻身机会时采用。

3. 采用拔档子的方式进行操作

这种策略即先停损了结，然后在较低的价位时予以补进，以减轻或轧平上档解套的损失。比如，某投资者以每股60元买进某股，当市价跌至58元时，他预测市价还会下跌，即以每股58元赔钱了结，而当股价跌至每股54元时又予以补进，并待今后股价上升时再沽出。这样，不仅能减少和避免套牢损失，有时还能反亏为盈。

4. 采取向下摊平的操作方法

这种策略即随股价下挫幅度扩增反而加码买进，从而摊低购股成本，以待股价回升获利。但采取此项做法，必须以确认整体投资环境尚未变坏，股市并无由多头市场转入空头市场的情况发生为前提，否则，极易陷入越套越多的窘境。

5. 采取以不变应万变的"不卖不赔"方法

在股票被套后，只要尚未脱手，就不能认定投资者已亏血本。如果手中所持股票均为品质良好的绩优股，且整体投资环境尚未恶化，股市走势仍未脱离多头市场，则大可不必为一时套牢而惊慌失措，此时应采取的方法不是将套牢股票和盘卖出，而是持有股票来以不变应万变，静待股价回升解套之时。

值得注意的是，股票被套牢的现象多种多样，投资者在运用解套策略时，必须谨慎选择，灵活运用。